Mirsada Simchen-Kahrimanović

Lauf, Mädchen, lauf!

Mirsada in Kozaruša vor der Ruine des Hauses, in dessen Keller sie sich vor dreißig Jahren versteckt hatte.

Mirsada Simchen-Kahrimanović

Lauf, Mädchen, lauf!

Mein Dorf in Bosnien, der Krieg und mein neues Leben

wbg Theiss

Die Deutsche Nationalbibliothek verzeichnet diese Publikation in der Deutschen Nationalbibliografie; detaillierte bibliografische Daten sind im Internet über www.dnb.de abrufbar.

wbg Theiss ist ein Imprint der wbg.

Die Herausgabe des Werkes wurde durch die Vereinsmitglieder der wbg ermöglicht.
Lektorat: SPLENDID. Text- und Webdesign, Göttingen
Karten: Peter Palm, Berlin
Abbildungen im Buch: S. 2, 14, 81/82, 129: Mirsada Simchen-Kahrimanović; 44/45: Arnold & Domnick auf Basis einer Vorlage der Autorin
Satz: Arnold & Domnick, Leipzig
Einbandabbildung: Ievgen Chabanov / Alamy Stock Photo
Einbandgestaltung: Andreas Heilmann, Hamburg
Gedruckt auf säurefreiem und alterungsbeständigem Papier
Printed in Europe

Besuchen Sie uns im Internet: www.wbg-wissenverbindet.de

ISBN 978-3-8062-4549-3

Elektronisch sind folgende Ausgaben erhältlich:
eBook (PDF): ISBN 978-3-8062-4555-4
eBook (epub): ISBN 978-3-8062-4556-1

Inhalt

1 *Lauf, Mädchen, lauf!*

Nur noch ein paar Meter, Mirsada. Du schaffst das! Ich renne langsam und atme im Einklang mit dem Lauftempo, während über Stuttgart ein Maimorgen im Frühling 2022 anbricht. Auch an diesem Morgen zeigt meine Smartwatch 12 000 Meter an, genau wie gestern, genau wie vorgestern. Ich weiß, so wird es sein, solange ich lebe, solange ich laufen kann. Jeden Morgen zur selben Zeit, dieselbe Distanz. Manchmal denke ich, es wäre gemütlicher und schöner, um vier Uhr morgens im warmen Bett zu liegen, aber ich bin nie ins Zweifeln geraten. Ich habe begriffen: Laufen ist Freiheit! Und Freiheit hat keine Alternative.

Ich möchte mich nicht diesem Albtraum hingeben, der so oft wiederkehrt, der mich an die Wirklichkeit meiner Kindheit erinnert und mich so hilflos macht. Mein Körper ist vor Angst verkrampft. Ich kann keinen Fuß mehr vor den anderen setzen – als hätte ich keine Füße. Stattdessen laufe ich, bis meine Zehen blau sind und mein Körper schmerzt. Nur so kann ich wahrnehmen, dass ich existiere. Durch Laufen besiege ich diese Erinnerung, die sich wie eine feindliche Macht in meine Träume geschlichen und sie erobert hat.

Wenn es regnet, empfinde ich beim Laufen, während mir die Tropfen über das Gesicht rinnen, den Schmerz der Menschen, deren Tod ich mitangesehen habe. Jede Beschmutzung mädchenhafter Unschuld: Sie kamen nachts in den Raum, es war dunkel, weibliche und männliche Körper waren nicht zu unterscheiden; sie bückten sich, torkelnd, betrunken, und suchten einen weiblichen Körper. Dann zogen sie ihn heraus, an Händen, Füßen, Haaren, unter Geschrei. Wir hörten die Mädchen stundenlang schreien. Die Männer lachten, tobten sich aus, wechselten sich ab. Ihren abgrundtiefen Hass und ihre Erniedrigungen unterstrichen die Soldaten mit Worten: »Wir löschen euch aus. Generation für Generation, eines Tages werden nur Serben übrigbleiben.« Am Ende oft ein Schuss …

*

Die Regentropfen in meinem Gesicht sind ihre Tränen. Bäche von Tränen, entsprungen aus dem schlimmsten Schmerz, dem Schmerz bosnischer Konzentrationslager. Ich wollte fliehen, doch ich konnte nicht. Ich musste dort bleiben, in diesem dunklen Raum, in der Ecke eines früheren Klassenzimmers, unter einer Schulbank versteckt. Einfach aufstehen und gehen – daran war nicht zu denken.

Deshalb laufe ich jetzt. Für die Menschen, die mich umgeben, war das anfangs schwer zu begreifen und zu akzeptieren, doch sie haben es hingenommen. Mit den Jahren bleiben uns nur die Nächsten, Liebsten, Treuesten. Bei ihnen bin ich mit der Zeit auf Verständnis und aktive Unterstützung gestoßen. Jetzt sagen sie oft: »Lauf, Mirsada! Du schaffst das!« Denn sie haben verstanden, warum ich laufe. Warum ich einen Teil meines Lebens für mich lebe, doch den größten Teil für jene, die nicht mehr da sind: für meinen Vater, für die vergewaltigten Frauen.

Die Konfrontation mit dem eigenen Schicksal fällt schwer. Ich erinnere mich an die erste Zeit in Deutschland, als ich Freunde finden wollte. Die meisten glaubten, ich bräuchte Hilfe oder Geld und würde deshalb ihre Nähe suchen. Ich war ja schließlich nur ein Flüchtlingskind. Sie konnten nicht verstehen, dass ich Freunde brauchte, gute Freunde, wie ich sie in meiner Heimat hatte. Auch ihnen sagte ich, dass ich laufe, doch niemand konnte verstehen, warum ich das tun musste. Dieses zwanghafte Laufen begleitet mich über all die Jahre.

Als die Sehnsucht nach meinem Geburtsort Kozaruša in Bosnien endlich stärker war als die Angst vor den Erinnerungen an die furchtbaren Erlebnisse dort, kehrte ich in meine Heimat zurück. Doch dort war ich die Frau, die ihre Landsleute und ihre Heimat im Stich gelassen und den Krieg nicht in Gänze erlebt hat. Äußerlich sah mir niemand meine Schmerzen an. Aber jeder konnte merken, dass ich anders war. Sie wunderten sich über mein tägliches Laufen zu früher Stunde. Sie hielten mich für verrückt – alle fragten mich, weshalb ich laufe. Nicht verstanden zu werden, weder in meiner alten noch in meiner neuen Heimat, war sehr schwer für mich. Und doch lief ich immer weiter.

*

Jetzt ist die Lage eine andere: Ich laufe, im vollen Bewusstsein, dass mein Körper und meine Seele nun frei sind. Dass sie sich von dem Joch der Gefangenschaft befreit haben. Dass sie Angst und Schmerz überwunden haben, die ich noch Jahre nach dem Verlassen des Konzentrationslagers mit mir herumgetragen habe. Dass ich, solange ich laufe, nicht gefangen bin oder dazu gezwungen, tagelang, mit abgestorbenen Beinen, auf der Stelle zu hocken; die Schreie jener nicht hören muss, die vergewaltigt, gepeinigt, getötet wurden. Um uns spüren zu lassen und zu zeigen, dass wir weniger wert waren als Vieh.

Obwohl ich an diesem Morgen längst zu Hause sein müsste, laufe ich immer weiter. Die Gedanken kreisen mehr als an anderen Tagen. Es ist ein besonderer Tag, und ich möchte noch ein wenig länger hier bei mir selbst bleiben. Ich möchte über diesen Tag im Mai 1992 nachdenken.

So viele Fragen lassen mich nicht los. Warum wurde mein Vater erschossen? Wurde er vor seinem Tod misshandelt? Musste er lange leiden? Wessen hatte er sich schuldig gemacht? Er gehörte doch nur einer anderen Religion an. Er war Bosniake und Moslem. Diesen Umstand musste er mit seinem Leben bezahlen.

Wenn mich derartige Gedanken überkommen, wenn ich mir das Bild meines Vaters vor Augen führe, dann vermischt sich die Trauer mit einem Lächeln, und ich könnte ewig weiterlaufen, stark und sicher, dass er bei mir ist. Dass er mir die Tränen, die Regentropfen vom Gesicht wischt und zu mir sagt: »Mein starkes Mädchen, du wirst all deine Ängste und Schmerzen besiegen. Ich musste erledigen, wozu ich auf diese Welt gekommen bin, aber du musst das auch. Und vor dir liegen Erfolg und Freiheit! Ich bin glücklich, dass meine Tochter ein besseres Leben lebt!«

Später, wenn ich vom Joggen nach Hause komme, spule ich dieses imaginäre Gespräch in Gedanken wieder und wieder ab. Ich wünsche mir dann, dass mein Vater tatsächlich hier wäre, doch ich weiß, er ist es nicht.

Mir ist klar, dass ich mein Leben jetzt leben, dass ich die Bürde der Vergangenheit ertragen muss und den Verlust, der mein unbeschwertes Leben und das meiner Mutter und Schwester zerstört hat. Das Leben meiner Nachbarn,

Verwandten und ihrer Kinder. Das Leben einer ganzen Generation.

In jenem Mai vor dreißig Jahren war ich fest überzeugt, niemand sei stark genug, um eine derartige Last durchs Leben zu tragen. Blutige Bilder, Schreie von Sterbenden oder Leidenden mit Schmerzen, die kein Mensch je ertragen sollte. Hager, klein und schwach, wie ich war, glaubte ich, dass mein Leben an diesem Punkt, an diesem Ort beendet sein würde. Dass alles, was danach käme, lediglich ein Vegetieren sein würde – wie bei einer vertrocknenden Pflanze, die ihre Wurzel, ihre Nahrung, ihre Heimaterde und ihre Heilungschancen verloren hat.

Erstaunlicherweise fühlte ich zugleich einen starken inneren Drang zu überleben – egal wie. Ich dachte, die Rettung aus dem Lager sei die Erlösung und dass ich Glück gehabt hatte, überlebt zu haben. Ungeachtet der Schmerzen, die mir der Anblick all dieser Qualen, Vergewaltigungen und Tötungen bereitet hat, war ich dankbar, dass ich nicht ermordet worden war. Doch später hörte ich mich wohl Hunderte Male sagen, es wäre besser gewesen, wenn auch ich damals mein Leben verloren hätte.

Denn was nach dem Lager kam, war vielleicht noch schwerer! Eigentlich war jeder Tag danach weiter eine Art Gefangenschaft. Nur war ich jetzt die Gefangene meiner Gedanken, die meinen Alltag in ein Lager verwandelten. Ein Lager, aus dem ich nicht entkommen konnte. Die Gedanken, sie sind da und sie gehen nie weg.

Heute, dreißig Jahre nach der letzten Begegnung mit meinem Vater, spüre ich immer noch, dass ein Teil von mir mit ihm verschwunden ist. Vielleicht hätte ich ihn rufen sollen: »Papa!« Vielleicht wäre er umgekehrt? So oft habe ich darüber nachgedacht, und ich bin fest überzeugt, dass er aus Liebe zu uns zu unserem Dorf zurückging, um es zu verteidigen. Ich bin sogar überzeugt, dass er dachte, er könnte die Angreifer durch Worte aufhalten. Ihnen erklären, dass niemand im Dorf bewaffnet sei, dass hier nur Zivilisten lebten, die in Frieden leben wollten.

Mein Vater war ein großer, starker Mann von zweiundvierzig Jahren. Damals, mit meinen dreizehn Jahren, glaubte ich, die ganze Welt passe auf seine starken Schultern, und selbst die Gefahren, die von den Erwachsenen als Krieg bezeichnet wurden, könnten ihm nichts anhaben. Ich war sicher, er würde uns beschützen. Und auch er dachte das, sogar dann noch, als die anderen beschlossen, zu fliehen und das Dorf schutzlos zurückzulassen. Als ihnen klar wurde, dass sie den um ein Vielfaches stärkeren Feind nicht besiegen konnten. Mein Vater blieb. Er glaubte an seine Kraft. Er glaubte an sich. Ich glaubte an ihn.

Ich schaute ihm nach – er lief in Richtung unseres Dorfs. Es ging um die Freiheit, unsere Freiheit, meine Freiheit.

Deshalb renne ich bis heute! Jeden Tag. Ohne Ausnahme. Mit meinen »Waffen«: meiner Liebe, meinem Wissen und meinem Engagement für die Gesellschaft, in der ich lebe.

2 *Unterm Kirschbaum*

Im Mai 1992 hatte ich gerade die sechste Klasse abgeschlossen, die Sommerferien standen kurz bevor. Diese Zeit ist in meiner Erinnerung immer verbunden mit dem Kirschbaum in unserem Hof. Sobald die Kirschen reif wurden, kletterten wir jeden Tag auf den Baum. Bis ganz oben in die Spitze, wo die größten und reifsten Kirschen hingen. An den Ästen des Kirschbaums hatte mein Vater zwei Schaukeln befestigt, sodass meine Schwester und ich gleichzeitig schaukeln konnten.

Auch andere Kinder aus dem Dorf waren eingeladen, mit uns zu spielen. Oft besuchten uns unsere fast gleichaltrige Cousine Anela und ihr Bruder Ibrahim. Sein Spitzname war Baja. Die beiden wohnten zwei Häuser weiter, und wir waren wie eine kleine verschworene Familie. Besonders Baja bewunderten wir, der für uns wie ein Bruder war. Mit ihm zu spielen, war so interessant und voller Herausforderungen, besonders, weil Baja ein aufgeweckter und etwas ungezogener Junge war. Der auch uns Mädchen die Chance gab, mitzumachen – gleichberechtigt im Spiel Verbote hinter uns zu lassen.

Durch unser Dorf führte ein ziemlich gerader, festgetretener Weg, ideal zum Radfahren, weshalb meine Schwester und ich oft, wenn keine Arbeit im Haus oder auf dem Feld zu erledigen war, mit dem Fahrrad unterwegs waren. Unter dem Kirschbaum und auf den Feldern von Kozaruša lebten wir in unserer kleinen heilen Welt. Unser Dorf Kozaruša liegt im Nordwesten von Bosnien und Herzegowina, heute in der Republika Srpska, und gehört zur Gemeinde Prijedor. Von Banja Luka, der nächsten Stadt, ist es 42 Kilometer entfernt.

Wir wuchsen auf, wo die Hänge des Kozara-Gebirges in wogende Felder übergehen. Mit unserem Vater unternahmen wir oft Ausflüge in die Berge und durchstreiften die Wälder. Er erzählte uns, was im Zweiten Weltkrieg in den Kozara-Bergen passiert war. Auch in der Schule wurde uns davon berichtet.

Mirsada im Alter von vier Jahren mit ihrer Mutter – das einzige erhaltene Kindheitsbild.

Zwischen 1941 und 1945 hatten sich dorthin Tausende aus den umliegenden Tälern geflüchtet und Schutz in den dichten Wäldern gesucht. In diesen Bergen kämpften die Partisanen gegen die nationalsozialistischen Besatzer, woran bis heute Denkmale erinnern.

*

Wir lebten auf dem Land – so wie Generationen vor uns. Mit meiner sechs Jahre älteren Schwester hütete ich Schafe und Kühe, machte Heu und grub den Gemüsegarten um. Kinder waren hier noch wichtige Helfer bei der Haus- und Feldarbeit. Von klein auf wurden sie darauf vorbereitet, eines Tages den Hof zu übernehmen.

Auf Wunsch unseres Vaters aber sollten wir Mädchen, als nächste Generation der Familie Kahrimanović, mit dieser Tradition brechen. Stets pflegte er zu sagen: »Eure Hauptaufgabe ist es, fleißig zu lernen. Wir möchten, dass ihr die besten Schülerinnen werdet. Eure Mutter und ich erledigen die Feld- und Waldarbeit.« Und wir lernten. Nicht jeden Tag aufs Feld zu müssen, war uns sehr willkommen.

*

An einem unbeschwerten Tag im Mai, ich weiß noch, dass es ein Dienstag war, sagte meine Mutter mit besorgter Stimme zu mir: »Mirsada, du musst in die Schule gehen und dir dein Zeugnis abholen, bevor der Krieg losgeht und du es nicht mehr schaffst!«

Abends sahen wir zusammen fern, die ganze Familie. Besorgt verfolgte Vater die Berichte und Reportagen von den Kriegsschauplätzen in Kroatien. Im Fernsehen sah ich brennende Häuser und überall Tote und Schwerverwundete. Mir war nicht klar, was da los war, trotzdem fragte ich nicht nach. Ich wusste, dass uns allen Gefahr drohte. Ich sah es in Vaters Gesichtsausdruck. Und doch glaubte ich, dass uns schon nichts Böses passieren würde, jedenfalls nichts in der Art der Fernsehbilder.

Dennoch gingen mir die Bilder nicht aus dem Kopf. Ich konnte nicht einschlafen. Meine Gedanken waren bei den kroatischen Kindern, die von Soldaten der jugoslawischen Armee in Kroatien ermordet worden waren. Diese Soldaten waren Teil der offiziellen jugoslawischen Nationalarmee, der JNA. Deren eigentliche Aufgabe war es, unsere multiethnische Nation zu schützen – Muslime, Kroaten und Serben gleichermaßen. Jetzt waren sie zu einer verbrecherischen, zu einer »ethnisch reinen« Armee geworden. Ihre Soldaten wurden bald nur noch »Tschetniks« genannt. Teschtniks, so hatten die deutschen Besatzer im Zweiten Weltkrieg Angehörige von nationalistischen und antikommunistischen serbischen und montenegrinischen Milizen bezeichnet, die unglaubliche Kriegsverbrechen verübt hatten, vor allem an Zivilisten; Schätzungen zufolge ermordeten sie Zehntausende Bosniaken und Kroaten. Und ja: Während der Jugoslawienkriege kämpften serbische Freiwillige erneut unter der Bezeichnung »Tschetnik« und bedienten sich auch wieder der gleichen Symbole.

*

Ich starrte in der Dunkelheit an die Decke und fürchtete mich. Würden sie auch zu uns kommen und uns Kinder hier töten? Jedenfalls nahm ich mir für den nächsten Tag vor, so schnell wie möglich aus der Schule nach Hause zurückzukommen. Es war der letzte Schultag – Zeugnisübergabe. Dass mein Zeugnis ausgezeichnet sein würde und mich dafür eine Belohnung erwartete, wusste ich bereits. Was ich nicht ahnte war, dass dies die letzte Nacht in meinem geliebten Zuhause sein würde.

*

Ich wachte früh auf, schwang mich aufs Fahrrad und radelte zur Schule, schnell wie der Wind. Als berührten die Räder den Schotterweg nicht. Unsere Straßen waren mit grobem Schotter und Steinen belegt, asphaltierte Straßen gab es nicht – und gibt es bis heute kaum. Ich konnte es kaum erwarten, in die Schule zu kommen. Weniger wegen der Zeugnisübergabe und den Klassenkameraden. Nein, ich wollte vor allem Eldar vor den Ferien noch einmal treffen. Er war meine erste große Liebe. Es war das Ende des Schuljahrs, und wir würden uns erst im September, im nächsten Schuljahr, wiedersehen. Ich würde seine schönen braunen Augen vermissen.

Meine Schule lag etwa einen Kilometer entfernt von meinem Zuhause. Vor der Schule stieg ich vom Rad. Die Tür war verschlossen. Es war niemand da, den ich fragen konnte, ob ich mich vielleicht im Tag geirrt hatte. Kein Mensch zu sehen. Also fuhr ich wieder nach Hause. Dort angekommen, erzählte ich meiner Schwester, wie traurig ich darüber war, meinen Schwarm nicht mehr gesehen zu haben. Sie entgegnete: »Sei deshalb nicht traurig, Schwesterherz. Gerade geschieht etwas Furchtbares. Vater sagt, der Krieg hat begonnen.«

Meine Schwester meinte, dass unsere Lehrerin Uciteljiva Marica unsere Zeugnisse hatte verschwinden lassen. Das konnte ich mir nicht vorstellen. Meine Lehrerin war eine Serbin, aber sie war eine großartige Lehrerin, die mir alles beigebracht hatte, was mich an Bildung bis zu meinem sechsten Schuljahr ausmachte. In Bosnien ist es üblich, dass man in der Grundschule eine Klassenlehrerin für die gesamte Schulzeit hat. Vielleicht wollte sie damit einfach nur vermeiden, dass man anhand unserer Zeugnisse unsere Namen und Anschrift erfahren und uns Kinder so finden und töten könnte. Sie kann nur gute Absichten gehabt haben, dachte ich mir. Meine Schwester wiederholte es aber nochmals mit Nachdruck: »Sie hat eure Zeugnisse aus dem Schulregister rausgerissen, als ob es dich nie gegeben hätte in der Schule!« Ich fing an, mit ihr zu streiten. Meine Lehrerin würde so etwas niemals mit böser Absicht tun.

Ich war verwirrt. In unserem Dorf und in der Region lebten Muslime, Kroaten und Serben seit Generationen friedlich zusammen. Ich versuchte mir klarzumachen, was Krieg bedeutete. In dem Moment hörte ich aus der Ferne ohrenbetäubenden Donner, wie ein herannahendes Unwetter. Doch der Maihimmel war heiter, nicht die kleinste Wolke weit und breit. Vielleicht war das der sprichwörtliche Blitz aus heiterem Himmel?

*

Unsere Eltern sagten uns, das sei Kanonendonner in der Ferne. Er schien immer näher zu kommen. Ich war mir sicher, dass die Kanonen genau das Unheil brachten, vor dem sich die Erwachsenen so fürchteten. Mein Vater sagte, die Kanonen höre man aus Richtung Bosanski Novi. Sorge stand ihm ins Gesicht geschrieben, die sich auch auf uns übertrug. Wir fragten nicht weiter, da wir spürten, dass er, der stets auf alle Fragen eine Antwort wusste, jetzt nichts zu sagen hatte, was uns Mut machen könnte.

Als es Nacht wurde, traf Vater sich mit Verwandten und Nachbarn unter dem Kirschbaum. Im Mondschein sah ich ihre Silhouetten. Sie rauchten. Ich hörte, wie Vater sagte, die Armee werde wohl nicht bis zu uns vordringen. Doch wir müssten auf der Hut sein und dürften uns nicht mit unseren Nachbarn überwerfen, nur, weil wir verschiedenen Religionen angehörten. Wir hatten seit jeher gute Beziehungen untereinander gehabt, sodass keiner glaubte, dass es Probleme geben würde; geschweige denn, dass man aufeinander schießen würde.

Nach der abendlichen Besprechung unter dem Kirschbaum ging jeder wieder in sein Haus; nur fünf Männer blieben zurück, die abwechselnd Wache halten sollten. Zwei Gewehre, die Jägern aus unserem Dorf gehörten, wurden bei der Wachablösung weitergereicht.

Gegenüber von unserem Haus lebten einige Familien orthodoxer Christen, die aus Galizien in der heutigen Ukraine stammten. Auch sie waren täglich bei uns. Ich erinnere mich noch gut an die Angst in ihren Augen, als sie meinen Vater fragten, was mit ihnen geschehen würde, wenn es Krieg gäbe. Er antwortete: »Ich werde euch und eure Kinder beschützen wie meine Familie und meine eigenen Kinder!«

Bis zum Krieg hatte mein Vater als Förster gearbeitet. Im Herbst besorgte er oft Feuerholz für Familien, die sich keines leisten konnten. Im Winter und im Frühling, wenn es im Wald weniger zu tun gab, leitete er, der über großes handwerkliches Geschick verfügte, als Bauleiter die Errichtung von Häusern in der Umgebung. In Bosnien war es damals kaum möglich, den Lebensunterhalt einer Familie mit nur einem Beruf sichern zu können. Deshalb gingen viele Menschen mehreren Tätigkeiten nach.

Mein Vater war in der ganzen Gegend bekannt und sehr geschätzt. Er war allen Mitmenschen gegenüber - ohne Ansehen ihrer religiösen und ethnischen Zugehörigkeit - hilfsbereit, ehrlich und verlässlich. Diese Einstellung und diesen Lebensstil hat er an uns weitergegeben. Darauf sind wir bis heute stolz, meine Mutter, meine Schwester und ich. In unserer Familie genoss Vater eine besondere Autorität, da er stets für Harmonie zwischen seinen Brüdern und seiner Schwester sorgte.

Auch seinem Land war er tief verbunden, hatte er doch in jungen Jahren selbst als Soldat in der JNA, der Jugoslawischen Volksarmee, gedient. Deshalb verließen sich alle, unsere Familie ebenso wie die Dorfbewohner, in diesen Tagen vor Kriegsbeginn bei der Suche nach einer Lösung, einem Ausweg auf meinen Vater.

*

Als Prijedor, wozu auch unser Dorf Kozaruša gehörte, von der serbischen Armee besetzt wurde, wurden der Sieg und die »Befreiung« der Stadt, die nun »Serbische Gemeinde Prijedor« hieß, öffentlich gefeiert. Mein Vater war sehr wütend. Er konnte keine Lügen ertragen. Doch in den Medien wurden nur Lügen verbreitet. Es hieß, wir wären bewaffnet und würden eine Bedrohung für den Frieden darstellen. Also kamen sie mit Soldaten, Panzern und Kanonen und eroberten nacheinander Dörfer und Städte. So war es auch in Prijedor. Nach der Besatzung übernahm die serbische Polizei die Kontrolle über die Verkehrswege, und aus Angst um die eigene Sicherheit verließ nur noch selten jemand den Ort mit dem Auto.

In Kozaruša bekamen wir nur wenig Informationen darüber, was in Prijedor geschah. Besonders wir Kinder. Doch der Angst nach zu urteilen, die sich unter den Menschen in unserer Straße ausgebreitet hatte, waren die Nachrichten schlecht. Aber natürlich suchte man in allem nach einem Hoffnungsschimmer. Die Älteren beharrten: »Wir haben doch niemandem etwas zuleide getan. Wir sind unbewaffnet, wir bedrohen niemanden. Uns werden sie nichts tun!« Doch dann kam alles ganz anders.

3 *Im Keller*

Es war der frische Morgen des 21. Mai 1992, ein Donnerstag. Durch die bereits ergrünten Bäume drangen die ersten Sonnenstrahlen ins Badezimmer und blendeten mich vor dem Spiegel. Ich putzte mir die Zähne und versuchte, mit der Zahnbürste im Mund zu lachen und mir dabei zuzusehen. Ich dachte mir: »Sieh mal, Vater hat Recht, die Sonne linst durchs Fenster und ist da, um mich zu streicheln.«

Als wir noch ganz klein waren, wohl um uns das frühe Aufstehen schmackhaft zu machen, sagte Vater oft, die Sonne würde Kinder, die früh aufwachten, den ganzen Tag lang liebkosen. Sie mit ihren Strahlen streicheln. Dann würden die Menschen um sie herum »mein Sonnenschein« zu ihnen sagen und sie lieb haben, so wie wir die Sonne lieb hatten. Und Mutter fügte dann gewöhnlich hinzu: »Und zu Kindern, die spät aufstehen, sagt die Sonne ›mein Ferkel‹«, und wir alle mussten lachen. Es war eine unbeschwerte Zeit, in der wir die Wärme der frühen Sonne spürten, die elterlichen Umarmungen … einen Becher warme Milch … Der Morgen war stets von Zärtlichkeit erfüllt. Besonders im Frühjahr, wenn die Frische des Morgengrauens mit dem Tau auf den Feldern manchmal fast bis Mittag anhielt. Ich kroch dann auf den

Schoß meiner Mutter oder meines Vaters und lauschte ihren Unterhaltungen, die voller Lachen und Liebe waren.

Während ich vor dem Spiegel lustige Grimassen schnitt, hörte ich auf einmal ein merkwürdiges Geräusch; eine laute, blechern verzerrte Stimme. Erst später erfuhr ich von den Erwachsenen, dass Soldaten der JNA in olivgrünen Uniformen die Anwohner über Megafon aufriefen, sich zu ergeben, da sie andernfalls unser Dorf angreifen würden. Wir wurden aufgefordert, unsere Häuser mit weißen Tüchern zu kennzeichnen und ein weißes Band um den Arm zu tragen. Das Geräusch des Megafons war begleitet von Granatendonner.

Die Explosionen kamen unserem Dorf Kozaruša schnell näher. Die Erde bebte förmlich von der Wucht der Detonationen und Schüsse. Aus der Ferne hörte man Fahrzeugmotoren und Menschengeschrei, dann wieder Geschützlärm. In unserer Straße, direkt am Ausgang zur Hauptstraße Richtung Prijedor und Banja Luka, stand überaus bedrohlich ein Panzer der Jugoslawischen Volksarmee. In regelmäßigen Abständen feuerte er Granaten Richtung Kozarac ab. Er war so nah, dass das ganze Haus bebte, wenn er feuerte. Die Dorfstraße war unpassierbar. Noch nie zuvor hatte ich solche Angst gehabt, noch nie hatte ich gesehen, dass Erwachsene sich so fürchteten.

Ich rannte aus dem Badezimmer. Die Bewohner des Dorfes liefen in Panik wie aufgescheuchte Hühner ziellos umher. Bis einer der älteren Nachbarn rief: »Seid ihr wahnsinnig!? Ihre Scharfschützen können jeden sehen und erschießen. Folgt mir, wir verstecken uns im Haus mit dem Keller.«

Ich hörte meine Tante Eba sagen, sie habe einen »Kvrgusa« im Ofen – einen Hähnchenauflauf, ein traditionelles Gericht meiner Heimat –, traue sich aber nicht ins Haus zurück, um ihn zu holen. Eba war die Frau des ältesten Bruders meines

Vaters. Sie wohnte mit ihrem Mann und ihren beiden Söhnen direkt neben meinem Elternhaus. Damals hatten die Familien in Bosnien viele Kinder. Kinder bedeuteten Reichtum, denn sie halfen schon von klein auf im Haushalt und bei der Feldarbeit. Es war nicht daran zu denken, die Eltern im Alter in ein Altersheim abzuschieben. Das ganze Dorf hätte einen Aufstand gemacht. In Bosnien war es Tradition, dass einer der Söhne die Eltern zu sich nahm. Üblicherweise der jüngste, denn während er noch heranwuchs, gründeten die anderen bereits eigene Familien, bauten Häuser und verließen das Elternhaus.

Früher bekamen Frauen ihre Kinder zu Hause, da es weder Krankenhäuser gab noch Transportmittel, um sie dort hinzubringen. Frauen, die als Geburtshelferinnen tätig waren und die Nabelschnur abklemmten, nannte man bei uns Eba. Meine Tante hatte vielen Kindern auf die Welt geholfen, deshalb trug sie diesen Spitznamen, und alle in der Gegend nannten sie so. Eba mochten wir alle sehr.

Jetzt schauten wir sie verwirrt an. Als hätten wir genau in diesem Moment begriffen, dass die Zeit gekommen war, da sich all unsere Ängste bestätigten. Dass der Krieg begann. Dass überhaupt keine Zeit mehr blieb, noch nicht einmal mehr, um einen Auflauf aus dem Ofen zu holen.

*

Mutter schrie: »Raus aus dem Haus! Schnell! Lasst uns zu Adem in den Keller laufen!« Bei uns war es eher unüblich, Häuser mit Keller zu bauen, daher verstanden alle sofort, wo wir Schutz suchen sollten. Adem Kulašićs Haus – das einzige mit Keller – befand sich ungefähr 200 Schritt von unserem entfernt. Wir liefen die Straße entlang, dann ungefähr 50 Meter über freies Feld zu seinem Haus. Die Mütter trugen die kleineren

Kinder auf dem Arm, um schneller voranzukommen. Wir waren etwa dreißig Leute, nur Frauen und Kinder. Während wir über das Feld rannten, sausten uns die Kugeln um die Ohren. Die Geräusche erinnerten mich an Hornissen, vor denen wir uns als Kinder immer sehr fürchteten. Zum Glück wurde niemand getroffen. Das Herz schlug mir bis zum Hals.

Die Schüsse und Granaten kamen wahrscheinlich von einem Hügel oberhalb des nahen Städtchens Kozarac. Ich erinnere mich heute noch an den verkrampften Ausdruck in den Gesichtern der Erwachsenen. Irgendjemand schrie: »Die Tschetniks haben Kozarac besetzt!« In dem Moment wusste ich noch nicht, was das bedeutete: Kozarac besetzt. Aber schon bald sollte ich es erfahren, als ich die Bilder dieses Ortes sah und überhaupt erst begriff, was der Krieg mit sich brachte. So viele Fragen gingen mir durch den Kopf, auf die ich keine Antwort hatte: »Wer hat Kozarac angegriffen? Warum? Warum hilft uns niemand?«

*

Auch jetzt, dreißig Jahre später, habe ich noch keine Antworten auf all diese Fragen. Man hat uns die Geschichte des Zweiten Weltkriegs falsch gelehrt. In der Schule trichterte man uns Kindern vorwiegend Zahlen, Daten und Fakten über diesen Krieg ein. Die Geschichte war völlig entmenschlicht. Niemand interessierte sich für die gewöhnlichen Leute. Wie sie im Zweiten Weltkrieg überlebt haben oder wie sie umgekommen sind. Wie viele Familien zerschlagen wurden. Wie viele Töchter ihre Väter verloren haben. Wie konnten sie dieses Trauma überleben?

Rückblickend frage ich mich, was lehrt uns die Geschichte? Was lehrt sie uns über die Bedeutung ethnischer, kultureller oder religiöser Durchmischung für Erfolg und Niedergang von Kulturen, über ihren Einfluss auf Frieden und Krieg, Stabilität und Instabilität von Gesellschaften? Hätten wir all das in Geschichte gelernt, vielleicht hätte sich die junge serbische Generation gegen ihre Eltern aufgelehnt und nicht zugelassen, dass das Verbrechen in diesem Ausmaß geschah. Vielleicht wäre alles anders gewesen, denn man hätte auch über die Opfer des Krieges nachgedacht, die vollkommen unschuldig waren.

*

In Adems Haus gab es einen Keller, in den man durch eine kleine Luke über steile Stufen gelangte. Der Keller war ein kleiner, niedriger Raum, in den Licht lediglich durch ein Fenster drang, das man von außen nicht sehen konnte, da es unter einem Balkon lag. Draußen vor dem Fenster wuchsen Frühlingsblumen und verdeckten die Sicht.

Adems Keller war wie geschaffen, um als Schutzraum zu dienen. Man konnte den Zugang von unten so verschließen, dass er von oben nicht erkennbar war. In diesem kleinen niedrigen Raum von 4 mal 5 Metern und nur 1,5 Meter Deckenhöhe suchten wir mit etwa dreißig Leuten Zuflucht.

Es war gegen elf Uhr, und wir drängten uns aneinander. Manche setzten sich auf die Stufen. Andere auf den Lehmboden. Die Erwachsenen hielten den Ort für sicher, hier würde man uns nicht finden können und die Granaten könnten uns hier nicht treffen.

Zum ersten Mal hörte ich, wie es klang, wenn Stahlstücke von Granaten in ein Dach einschlagen. Jemand erklärte, das seien Splitter. Nach der Explosion regneten sie auf das Dach herab. Mein Körper zitterte vor Angst, als hätte ich Schüttelfrost.

Dieses Erlebnis, in dem engen Keller unter Granatenbeschuss auszuharren, verfolgt mich bis heute. Noch lange, sehr lange werde ich eine Furcht vor geschlossenen Räumen in mir tragen. Die Tür muss stets geöffnet sein, damit ich sicher bin, dass ich raus kann, wann immer ich will. Oft träume ich, dass die Türen verschlossen sind oder dass ich vergessen habe, wo der Ausgang ist und ich für immer in diesem Raum eingesperrt bin. Die ganze Nacht schwitze ich, wälze mich wie im Fieberwahn herum: »Mirsada, merk dir, wo die Tür ist! Mirsada, merk dir, wo der Ausgang zur Freiheit ist!«

*

Acht Männer aus unserem Dorf waren nahe Causevci in Richtung der serbischen Siedlung Parase in einer improvisierten Verteidigungslinie aufgestellt. Diese anliegenden Dörfer waren einen Kilometer von unserem Versteck entfernt. Die Männer fürchteten, man könnte uns aus dieser Richtung angreifen. Sie hatten keine Schusswaffen, doch sie waren bereit, ihre Familien mit allem, was sie hatten, zu verteidigen, mit Äxten, Messern, Ketten und Schlagstöcken.

In den zurückliegenden Tagen hatten sie die Bewegungen der Armee aufmerksam verfolgt. Diese Armee hatte Kozarac und nahe gelegene Dörfer zwischen Prijedor, Omarska und Banja Luka »ethnisch gereinigt«. Das hieß, dass Moscheen abgerissen, Dutzende Häuser abgebrannt und nicht serbische Bevölkerungsgruppen systematisch vertrieben oder gefangen genommen wurden.

Neben meiner Mutter zusammengekauert, fragte ich, wo Vater sei. »Er bewacht uns, Mirsada. Keine Angst, hier sind wir sicher!«, antwortete sie kurz, um mir und meiner Schwester Hoffnung zu machen. Obwohl sie wusste, dass nichts unter

Kontrolle war und unser Leben bedroht, ohne dass sie etwas dagegen tun konnte.

Nach einer Stunde im Keller wurde es schier unerträglich. Doch wir erduldeten es wortlos, steif vom Stillsitzen. Der Lärm der Artilleriegeschosse und Gewehrsalven drang von allen Seiten zu uns, durch die Mauern aus Beton. Was, wenn das Haus getroffen würde? Was, wenn …!?

Zwischen den Explosionen herrschte völlige Stille. In Gedanken sprach ich die Gebete, die meine Eltern mir beigebracht hatten. Ich bat Gott, uns zu helfen und unsere Familie und Nachbarn zu beschützen. Ich wusste, dass Er uns zur Seite stehen würde, jetzt, da es am schwersten war.

Ich weiß nicht mehr, wie viel Zeit verging, ohne dass jemand hereinkam oder hinausging. Waren es Stunden, Tage? Wenn man in einem Keller sitzt, unter der Erde wie im eigenen Grab, verliert man das Gefühl für Zeit. Meine Mutter sagte später, es seien »nur« zweieinhalb Stunden gewesen, aber sie war sich selbst nicht sicher.

Mit dem Kopf in Mutters Schoß spürte ich ihre Wärme. Ich wollte mich gern sicher fühlen, deshalb schmiegte ich mich noch enger an sie. Ich werde diese Wärme von Mutters Schoß in Adems kaltem Keller mein Leben lang nie vergessen.

In dem bangen Warten ging mir alles Mögliche durch den Kopf. Das Leben war so unfassbar merkwürdig – an einem einzigen Tag konnte sich alles ändern, ohne Ankündigung und ohne Erklärung. Ich dachte an unsere Hunde Mira und Billy. Wir hatten sie angebunden unter dem Kirschbaum zurückgelassen.

Auf einmal tauchte jemand vor dem Kellerfenster auf und rief zu uns hinein. Es war mein Cousin H., der mit zwei Männern von der Verteidigungslinie am Dorfrand herbeigerannt war. Bis heute habe ich seine gehetzte Stimme im Ohr. Verstört und verängstigt. Und da er gerannt war, bekam er kaum Luft. »Kommt raus! Beeilt euch! Sie kommen!«

Jemand öffnete die Kellerluke. Alle wollten raus aus dem Keller, ich hörte die Frauen leise rufen. Sie suchten ihre Kinder, zogen sie am Arm: »Los jetzt! Nicht sprechen! Heul nicht!«

Mutter fragte meinen Cousin: »Wohin sollen wir nur fliehen?« »Suad hat gesagt, dass wir den Weg in Richtung Suhaja nehmen sollen«, erwiderte er.

4 *Auf der Flucht*

Voller Angst rannten wir über die weiten Felder dem Wald entgegen. Erste Bomben schlugen ein. Im ersten Moment dachten wir an Granatwerfer, an schwere Artillerie. Dann wurde die Bombardierung heftiger, und die Geschütze donnerten im Minutentakt. In unserer Gruppe herrschte panisches Durcheinander. Viele sprangen in Gräben, andere warfen sich auf den Boden. Ich lief erst kreuz und quer, bis ich mich endlich entschloss, auch in einen Graben zu springen. Alle schrien verzweifelt nach Hilfe. Der Flusslauf des Suhaja schien unerreichbar. Der Suhaja ist ein Gewässer unweit unserer Häuser. Im Sommer trocknet er meist aus, daher wohl der Name [suha: trocken]. Flussaufwärts, ein paar hundert Meter weiter, befand sich die Ortschaft Suhi Brod, wo der Suhaja zu jeder Jahreszeit überquert werden konnte. Verzweifelt verließen wir den Graben und wollten flussaufwärts laufen, denn wir glaubten uns dort am sichersten, dort kannten wir jeden Baum, jeden Zweig und es gab genug Verstecke.

Wir erreichten eine freie Wiese ohne jeglichen Schutz. Auf einmal war es, als hätte jemand einen Hornissenschwarm auf uns losgelassen, so schwirrten Patronen ringsherum durch die Luft. Mündungsfeuer blitzte, Explosionen. So irreal, als wäre es nicht die Wirklichkeit, sondern irgendein Film, eine

Parallelwelt, in der wir nur Statisten waren. Wie von Sinnen rannten wir, um zu irgendeinem schützenden Gebüsch oder Baum zu gelangen. Die älteren Frauen blieben hinter uns zurück. Da verstand ich, dass man nur am Leben bleibt, wenn man schnell rennen kann.

*

Die Sonne brannte bereits. Wir rannten über das Feld, den unbekannten Angreifern, die in uns bewegliche Zielscheiben sahen, schutzlos ausgeliefert. Sie ließen uns nicht zum Verschnaufen kommen. Sie schossen auf uns wie auf Kaninchen bei der Jagd. Sie schossen auf uns, auf Frauen und Kinder. Wie nur kann jemand auf Kinder schießen? Sie schossen von allen Seiten, mit der klaren Absicht, uns zu töten. Warum? O Gott, warum nur?

Am anderen Ende der freien Fläche wuchsen Büsche, Gestrüpp und kleine Bäume. Unser Ziel war es, diese Deckung zu erreichen, kurz zu verschnaufen und dann weiterzurennen. Aber die wenigen hundert Meter kamen uns wie ein unendlich langer Weg vor, und sosehr wir uns auch bemühten, ihn so schnell wie möglich zurückzulegen, schien uns das Ziel fast unerreichbar. Der Puls schlug im ganzen Körper – als wäre das Herz zu jedem Zeitpunkt an jeder Stelle im Körper. Dann lag er vor uns: der Suhaja, und wir rannten einfach in das Gewässer hinein. Mir erschien der Fluss viel zu tief. Ich schaute meine Schwester an und hatte Angst, sie könnte das Baby, das sie in den Armen hatte, fallen lassen. Sie war schon völlig erschöpft. Ich weiß nicht, wessen Baby es war, das sie da trug. Aber sie war schon immer so, sie sorgte für uns alle. Als sie dort auf dem Feld losgerannt war, rettete sie nicht nur sich, sie beschützte ein weiteres Leben, trug jemandes Kind.

2016, vierundzwanzig Jahre danach, als ich all diese Orte wieder aufsuchte, wunderte ich mich, wie klein und seicht dieser Fluss war. In meinen Augen war er damals so tief und unüberwindlich. Wir sind am Fluss aufgewachsen und waren alle gute Schwimmer. Doch bis ich vierzig Jahre alt war, hatte ich nicht mehr den Mut, in einem Fluss oder im Meer zu baden.

*

Endlich erreichten wir den Wald und wähnten uns in Sicherheit. Zum Glück wussten wir nicht, dass Granatsplitter im Wald noch viel gefährlicher sein können als auf freier Fläche. Wenn Granaten in den Baumkronen explodieren, fliegen überall Splitter, Granaten- und Holzsplitter, herum.

Überraschend waren auch die Männer zu uns gestoßen, die Väter und Ehemänner, die am Bach entlang eine neue Verteidigungslinie bilden wollten, um uns Schutz zu bieten. Nachdem sie sich aber das Gelände angesehen und sich beratschlagt hatten, zogen sie sich bald wieder zurück, denn mit den paar wenigen Leuten konnten sie sich unmöglich einer so starken Militärmacht entgegenstellen. Sie wollten nach einer anderen Lösung suchen – oder sich dem Schicksal ergeben. Und sich dem Schicksal zu ergeben, bedeutete zu einer Zeit, da der Krieg wie eine Flutwelle alles mit sich hinwegriss, ein schlimmes Ende. Das wusste ich damals nicht, aber im Verlauf des Lebens würde ich es lernen. Vielleicht aber habe ich es genau damals gelernt und mir erst später bewusst gemacht. Probleme, die sich einem stellen, muss man selbst lösen. Niemand kann einem das abnehmen. Und das Schicksal wird seinen Lauf nehmen, ohne zu fragen, wie man es denn gerne hätte.

Die Erwachsenen glaubten, die serbischen Soldaten würden uns alle abschlachten, wenn sie uns fänden. Und so waren wir alle überzeugt, dass Flucht die beste Option sei und die Kozara-Berge mit ihren dichten Wäldern unsere einzige Rettung wären.

Mein Vater wollte uns noch ein Stück weit begleiten, dann aber zurückgehen. Meine Mutter, meine Schwester und ich redeten auf ihn ein, mit uns zusammen in den Bergen Schutz zu suchen. Aber er wollte unser Dorf nicht aufgeben. Er wollte die Kühe und Pferde freilassen, die Hunde losmachen. Die serbische Armee setzte ein Haus nach dem anderen in Brand, dann Ställe und andere Gebäude. Mein Vater wollte den Tieren eine Chance zur Flucht geben. In unserer Gegend ist die Vokabel für »Schatz, Reichtum« und die für »Vieh« dieselbe, da das Vieh den Menschen sehr viel bedeutet. Im Westen denkt man bei »Schatz« an Geld oder Gold. Doch in unserer Welt waren Nutztiere das Wertvollste überhaupt.

»Wir treffen uns oben, wenn die Zeit gekommen ist. Ihr wisst ja, dass ich mich im Wald gut auskenne. Niemand wird mich finden können, aber ich werde euch finden.« Vater holte den Hausschlüssel aus seiner Hosentasche und gab ihn meiner Mutter. »Wenn du vor mir nach Hause kommst, kannst du aufschließen.« Sogar jetzt noch glaubte er, wir würden bald nach Hause zurückkehren und diese Hölle wäre rasch vorbei.

*

Ein Schuss riss uns aus dem Gespräch. »Sie haben Mića umgebracht!«, schrie mein Vater außer sich. Vor unseren Augen, zwei- oder dreihundert Schritte von uns entfernt, hatten die Soldaten unseren Nachbarn Mirsad Garibović, genannt Mića, erschossen. Er war gerade einmal 25 Jahre alt, hatte aber bereits eine vierjährige Tochter und einen zweijährigen Sohn.

Als Vater sich ein wenig beruhigt hatte, beratschlagten sich die Männer und entschieden, dass wir schnell weitergehen sollten. Es war inzwischen etwa fünf oder sechs Uhr nachmittags. Vater wies uns den Weg. Er ging davon aus, dass wir hier im Wald bis zum Morgengrauen ausharren und uns etwas ausruhen konnten. Die Sonne stand schon ziemlich tief und verschwand bald hinter dem Berg und dem Wald, dort im Westen. Schweigend gingen wir durch die Dunkelheit. Unweit von der Stelle, wo sie wenige Stunden zuvor Mića getötet hatten, hatte der Cousin meines Vaters aus einem in die Erde gegrabenen Kartoffellager einen improvisierten Schutzraum errichtet. Um uns herum flogen Leuchtpatronen wie rote Glühwürmchen, Geschosse pfiffen durch die Luft; doch in unserem Unterschlupf fühlten wir uns zumindest ein wenig geschützt.

Durch die warme Nacht trug der Wind einen kühlen Lufthauch von den Wassern des Suhaja herüber. Im Frühjahr sind die Nächte nicht mehr so kalt, doch wenn man ohne Unterlage oder Decke auf dem Boden liegt, beginnt man schnell zu frieren. Mutter zog uns nah zu sich heran.

Die Männer weckten uns gegen vier Uhr. Der Morgen brach bereits an, und in der Dämmerung waren Menschen, Bäume und die Straße zu erkennen. An diesem Morgen sangen die Vögel irgendwie merkwürdig, als hätten auch sie Angst. Wir sollten uns auf den Weg nach Jaruge machen, einem Weiler, der nur aus zwei, drei Häusern bestand. Wir schlichen einen engen Pfad am Fluss entlang. Schon nach wenigen Minuten erreichten wir Jaruge. Junge Männer, die sich am Vorabend irgendwo versteckt gehalten hatten, waren bereits da, ungefähr zwanzig. Sie gehörten nicht zur Dorfverteidigung. Sie hatten ihre eigenen Fluchtpläne.

Vor uns lag ein Tag voller Ungewissheit. Die Männer machten ihre Traktoren bereit und wiesen uns an, in die Anhänger zu steigen. »Wir machen jetzt das, was Suad vorgeschlagen hat, und fliehen auf die Kozara!«, forderte mein Cousin H., als wäre es ein Befehl. Er berief sich auf meinen Vater, weil er eine Bestätigung brauchte, dass das, was er tat, das Beste für uns war. Doch tatsächlich wusste natürlich niemand, was das Beste war.

Als alle Traktoren zu Abfahrt bereitstanden, teilte uns Vater seinen Entschluss mit, zu bleiben. Er wollte mit einigen wenigen Männern das brennende Dorf verteidigen, das alle anderen längst aufgegeben hatten. Während ich schon auf dem Anhänger saß, küsste er meinen Scheitel und strich mir sanft übers Haar. Dann lief er mit fünf anderen Männern zurück, übers Feld.

Ich schaute seiner kräftigen Gestalt nach. Mein zugewiesener Platz auf dem Traktoranhänger hinderte mich daran, hinter meinem Vater herzurennen. In Gedanken habe ich ihm hinterhergerufen, ihn angefleht: »Papa, komm zurück, komm mit uns!« Unsere Verabschiedung war viel zu kurz. Niemand konnte in diesem Moment ahnen, dass es ein Abschied für immer war, dass wir uns niemals mehr wiedersehen würden.

*

Heute, so viele Jahre später, laufe ich jeden Tag. Als könnte ich ihn einholen, ihn am Arm packen und flehen: »Papa, lass uns zusammen gehen! *Wir* sind am wichtigsten! *Wir*, Deine Familie!«

Bald waren wir alle auf den Anhängern untergebracht, und der kleine Konvoi von drei Traktoren machte sich auf in Richtung Kozara. Während unserer Fahrt ins Ungewisse konnten wir in der Ferne beobachten, wie sich die Soldaten in unserem Dorf austobten, in die Häuser einfielen, um sich schossen, sie in Brand setzten. Wir überquerten – wie wir glaubten, unentdeckt vom dort positionierten Panzer – die Hauptstraße, die von Prijedor nach Banja Luka führte, und machten uns auf einer Seitenstraße durch Kozarac auf nach Mahmuljine.

Aber trotz der Entfernung waren wir nicht unentdeckt geblieben. Unser kleiner Konvoi schutz- und wehrloser Zivilisten wurde beschossen. Der Traktor hinter uns wurde von einer Granate getroffen. Es gab eine fürchterliche Explosion. Traktor und Fahrer wurden in Stücke gerissen, eine Frau und ein Kind dabei getötet. Mein Cousin gab Gas und fuhr noch schneller. Unsere Mutter befahl uns, nach unten zu schauen, doch ich gehorchte nicht. Ich musste es sehen. Damals wurde ich Zeugin, was eine einzige Granate anrichten konnte. Sie hätte genauso gut auch uns treffen können.

Wir wussten nicht genau, wo wir uns verstecken sollten, aber die Männer fuhren einfach weiter Richtung Berge. Furchtbar müde von der Flucht und ausgezehrt kamen wir im Bergwald an, hungrig, verschreckt, bleich und kraftlos. Wir wussten weder, was an diesem Abend, noch, was am nächsten Morgen passieren würde. Wer über irgendeine Art von Unterlage verfügte, breitete sie sofort auf dem Waldboden aus und legte sich hin. Diejenigen ohne Schlafunterlagen sammelten sich einen Laubhaufen zusammen. Die Blätter waren in diesen Frühlingstagen von Wind und Sonne gut durchgetrocknet, und so hatten wir eine einigermaßen weiche und trockene Unterlage. Wir Kinder legten die Köpfe in Mutters Schoß und schwiegen. Doch zur Ruhe kamen wir nicht. Alle dachten voller Sorge an das, was wohl kommen würde.

*

Auch aus anderen Dörfern kamen Traktoren und fuhren in Richtung Mahmuljine. Die Traktoren blieben oberhalb des Dorfes Mahmuljine stehen. Die Älteren erzählten, dass hier einmal ein großes Sägewerk gewesen war und daher viel Platz, um die Traktoren zu parken. In unmittelbarer Nähe befand sich auch ein Lebensmittelladen. Der Sohn unseres Onkels Ahmet war etwas mutiger als die anderen. Er sprang vom Traktor, stieg durch eine kaputte Schaufensterscheibe in ein Geschäft und kam mit Lebensmitteln wieder heraus. Wir fuhren ein Stück weiter. Die Männer erwogen verschiedene Möglichkeiten, doch niemand wusste, wohin genau wir fahren sollten. Deshalb wurde entschieden, erst einmal in diesem Dorf zu bleiben. Die Dorfbewohner empfingen uns und ließen uns in ihre Garagen und Anbauten, damit wir nicht im Freien ausharren mussten. Dort, in dieser Garage in dem Dorf Mahmuljine warteten wir. Und obwohl wir nicht im Freien und sogar eng aneinandergekauert waren, war uns allen bitter kalt.

Man erzählte, dass alle Männer aus Kozarac, die älter als sechzehn waren, gefangen genommen und in Lager gebracht worden seien. Es gab auch Gerüchte, sie seien längst alle getötet worden. Andere leugneten das. Niemand verfügte über verlässliche Informationen. Es herrschte allgemeines Chaos.

Innerhalb der Gruppe kam der Vorschlag auf, mit den Traktoren über die Kozara bis hinunter nach Bosanska Dubica zu fahren und dann weiter nach Kroatien. Aber niemand brachte den Mut zu diesem Schritt auf. Niemand kannte die Strecke. Niemand wusste, ob auf der anderen Seite der Berge neue Gefahren lauerten. Alle warteten auf meinen Vater Suad, er würde gewiss eine Idee haben, wie und wohin es weitergehen sollte. So verstrich die Zeit, Stunde um Stunde, und nichts geschah. Die Frauen weinten, die Männer schwiegen und rauchten.

*

In jener Nacht schliefen wir auf dem Boden in der kalten Garage. Auf dem Schoß meiner Mutter träumte ich: Für einen kurzen Moment war mir nicht klar, wo wir uns befanden. Es war schon Tag. Ein typischer Maimorgen, wie wir ihn am liebsten mochten. Vor meinen Augen erhoben sich die Kozara-Berge. Vater liebte den Wald, weshalb meine Schwester und ich ihm oft Gesellschaft leisteten und mit ihm gemeinsam durch die Wälder wanderten. Unsere Hunde Mira und Billy waren auch immer dabei. Wir pflückten Blumen. Plötzlich reichte mir Vater einen Blumenkranz, den ich auf meinen Kopf setzen durfte. Ich hatte gar nicht gesehen, wann und wie er ihn geflochten hatte, freute mich einfach nur. Auf der ganzen Welt war niemand glücklicher als wir.

Ich wachte auf und sah mich um. Überall waren die Gesichter unserer Nachbarn und Verwandten, vor Schmerz ganz verkrampft: *Das* war die Realität. Im Verlauf des Morgens drang von irgendwoher die Nachricht zu uns durch, die Armee habe befohlen, dass alle, die sich irgendwo versteckt hielten, zu einem bestimmten Ort kommen müssten. Sie nannten es Sammelunterkunft. Die Männer wurden nervös, denn ihnen war klar, dass man sie jetzt gefangen nehmen würde. Wir hatten ja schon von den schrecklichen Verbrechen der serbischen Armee gehört. Wir Kinder hofften dennoch, dass das Schlimmste vorbei war und wir bald nach Hause zurückkehren könnten. Die Traktoren fuhren bergab.

Als wir auf den Traktoren von den Bergen hinabfuhren, erblickten wir das Trümmerfeld von Kozarac. Aus den abgebrannten Häusern, die noch schwelten, stieg Rauch. Die Platanen der Allee, der Hauptstraße des Ortes, waren schon dicht belaubt. Durch die Granaten und Splitter, die alles um sich herum vernichtet, verwüstet und zerstört hatten, waren riesige Äste und halbe Bäume abgebrochen, die mitten auf der Straße lagen. Daneben Überreste von Zäunen und Autos. Fernseher, Kühlschränke und andere Haushaltsgegenstände, die gerettet oder gestohlen werden sollten, dann aber einfach liegen gelassen worden waren, weil man von der nächsten Granate überrascht wurde. Ich sah tote Tiere am Wegesrand und überall angetrocknete Blutlachen. Und über all das waren die Panzer mit ihren Raupenbändern gefahren und hatten alles unter sich zermalmt.

Die niedergewalzten Trümmer auf den Straßen, die dunklen Blutlachen und glimmenden Häuser machten das Städtchen zu einem gespenstischen Ort. Ganz Kozarac war dem Erdboden gleichgemacht, so wie die Städte im Zweiten Weltkrieg, die ich auf Fotos und in Geschichtsbüchern gesehen hatte. Hunderte von Menschen befanden sich am Straßenrand. Manche saßen im Dreck, andere standen einfach da oder gingen ziellos umher. Einigen versagte die Stimme vom Rufen nach ihren Liebsten, die nicht mehr lebten. Andere wehklagten aus voller Kehle. Es schien, als würde der Himmel dröhnen vor lauter Schmerzensschreien. Die Wälder widerhallen. Bis dahin war das der fürchterlichste Anblick, der sich mir je geboten hatte.

An den Kreuzungen standen noch immer die Panzer. Alle paar hundert Meter wurden wir an Kontrollpunkten angehalten. Ich hörte Flüche und Drohungen. Mutter presste uns auf den

Boden der Ladefläche, damit uns die Soldaten nicht sahen, aus Angst, sie könnten uns herauszerren und vergewaltigen oder gar töten.

Eigentlich waren das gar keine Soldaten. Es waren Gruppen verwahrloster, langhaariger, bärtiger Männer, die einen anderen Akzent hatten als wir – offenbar waren sie woanders hergekommen. Außerdem Männer mittleren Alters in unpassenden Uniformen, wahrscheinlich unsere serbischen Nachbarn, die den Reserveeinheiten der JNA und der serbischen Territorialverteidigung angehörten. Und schließlich besser ausgerüstete Soldaten und Offiziere der JNA. Ebenfalls dreckig und unrasiert nach ihren mehrtägigen Angriffen auf bosniakische Dörfer. Einige hatten ihre Kapuzen über das Gesicht gezogen, wohl um ihre Identität zu verbergen.

Die Soldaten gingen die Menschen in den Anhängern durch. Sie zogen insbesondere die jungen, kampffähigen Männer heraus und erschossen sie, einfach so auf der Straße, und »entsorgten« sie im Straßengraben. Die jungen Männer im Konvoi sahen buchstäblich dem Tod ins Auge. Jeden konnte es treffen, jeden Moment. Da es ein sehr langer Konvoi aus verschiedenen Fahrzeugen war, mussten wir das grauenvolle Geschehen mit ansehen – ohnmächtig.

*

An den Kreuzungen wiesen uns Soldaten den Weg. Verängstigt folgten die Fahrer den Anweisungen und fuhren weiter, ohne zu wissen, wohin. Ich hörte die Erwachsenen sagen, wir würden nach Banja Luka fahren. Als wir auf der Landstraße waren, versuchte H. an einer Tankstelle abzubiegen. Ihm war klar, dass wir auf dem Weg in eine Sammelunterkunft waren, in der wir nur noch als Gefangene leben würden. Sein listiger Plan war, aus dem Konvoi auszuscheren, zu wenden und schließlich nach Hause zurückzukehren. Doch die Soldaten und die bewaffneten Zivilisten, die offenbar damit beauftragt worden waren, den Konvoi in die entsprechende Richtung zu leiten, brüllten aus voller Kehle: »Umkehren! Nicht dorthin fahren! Die Tankstelle ist vermint!« Das war eine Lüge, doch mein Cousin wusste das nicht. Eingeschüchtert kehrte er mit dem Traktor in den Konvoi zurück. Doch wenn er in die andere Richtung gefahren wäre, hätte man vielleicht hinter uns hergeschossen und uns getötet.

Unweit von Kozarac leiteten die Soldaten den Konvoi von der Hauptstraße nach Trnopolje weiter. Das ist ein Dorf, weniger als zwei Kilometer von meinem Heimatdorf Kozaruša entfernt. Wir hatten Freunde und Verwandte da, waren oft dort zu Besuch gewesen. Doch was uns jetzt dort erwartete, das ahnten wir zu diesem Zeitpunkt noch nicht.

5 *Die Hölle von Trnopolje*

Die Traktoren kamen vor der Grundschule in Trnopolje zum Stehen. Dort waren schon ungefähr hundert Zivilisten. Wir wurden auf eine Wiese außerhalb des eingezäunten Geländes getrieben (siehe Abb. auf S. 44/45).

Alle redeten durcheinander, Empörung, Angst – alle Gefühle brachen sich Bahn. War jetzt, in diesem Augenblick, noch Flucht möglich? Nur weg von hier, sagte einem der Bauch, der Kopf dagegen bremste: Wer wegrennt, wird womöglich erschossen. Keiner wusste, wie wir uns »richtig« verhalten sollten. Niemandem war klar, dass wir in diesem Augenblick in ein Konzentrationslager interniert wurden. Wir wurden hier festgehalten – gegen unseren Willen, von bewaffneten Soldaten umgeben – und hatten immer noch nicht wirklich begriffen, was dieser Überfall auf unsere Dörfer, unsere Städte und unsere Heimat bedeutete. Dieser Angriff hatte innerhalb weniger Tage unser Leben, unsere Welt zerstört. Wir waren nicht auf diesen Krieg vorbereitet – und schon gar nicht auf die Grausamkeiten in Trnopolje.

Einer der Aufseher, der mit einem Maschinengewehr bewaffnet war, brüllte, wir sollten still sein. Das Weinen, Jammern und Schluchzen machte die Aufseher noch wütender und aggressiver. Einer begann zu schießen. Die Menschen warfen sich auf den Boden. Auch ich warf mich auf den Boden. Ich suchte mit den Händen meine Mutter und meine Schwester. Ich spürte ihre Hände auf mir. Wir zitterten. Patronenhülsen fielen auf meinen Körper. Als ich die Hitze der Patronenhülsen auf meiner Haut spürte, dachte ich, ich sei getroffen und das sei nun das Ende meines Lebens. Meine Muskeln verkrampften sich augenblicklich; mein Körper war wie gelähmt. Von einem Moment auf den anderen war ich völlig paralysiert, unfähig, mich zu bewegen.

Dies war ein Trauma, von dem ich mich lange nicht befreien konnte. Diese Begegnung mit dem Töten, mit der Gefahr, aus der mich mein Vater, meine Mutter und meine Schwester nicht retten konnten.

Der Soldat hatte ein ganzes Magazin, dreißig Schuss, in die Luft abgefeuert, als Warnung an uns. Er befahl uns, aufzustehen und stumm stehen zu bleiben.

*

Das Aussortieren der Neuankömmlinge begann. Alle wehrfähigen Männer wurden auf eine Seite abgesondert. Sie mussten sich in Reih und Glied aufstellen. Von den älteren und ganz jungen Männern, die mir bekannt waren, blieben lediglich mein zehnjähriger Cousin Baja und mein Onkel zurück. Vor der Grundschule in Trnopolje warteten Busse des lokalen Busunternehmens aus Prijedor. Die selektierten Männer wurden in die Busse getrieben. Wer nicht freiwillig einstieg, bekam einen Gewehrlauf in den Rücken gerammt. Viele schrien vor Schmerz. Ich dachte: »Gut, dass Vater nicht mit uns mitgekommen ist. Wer weiß, was mit all diesen Männern passieren wird.« Man munkelte, sie würden die Männer nach Keraterm und Omarska bringen.

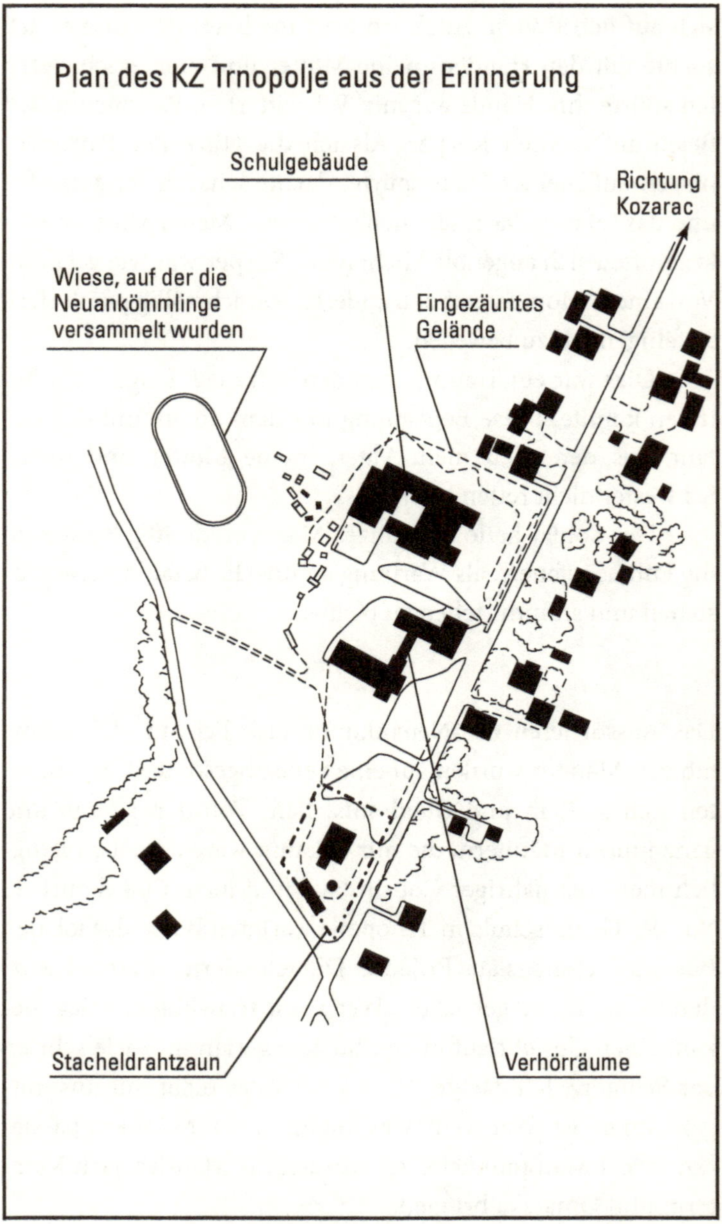
Plan des KZ Trnopolje aus der Erinnerung
Schulgebäude
Richtung Kozarac
Wiese, auf der die Neuankömmlinge versammelt wurden
Eingezäuntes Gelände
Stacheldrahtzaun
Verhörräume

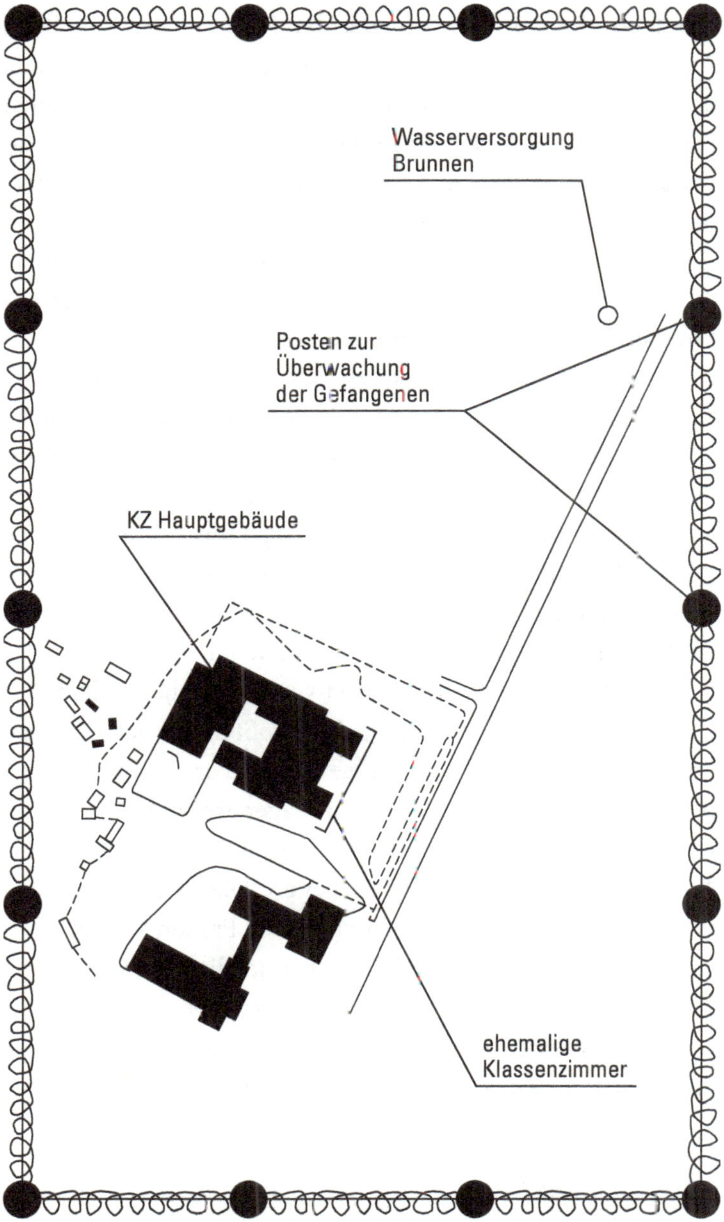
Wasserversorgung
Brunnen
Posten zur
Überwachung
der Gefangenen
KZ Hauptgebäude
ehemalige
Klassenzimmer

Das Lager Keraterm wurde von der Führung der Republika Sprska zu Beginn des Bosnienkriegs 1992 auf dem Gelände der gleichnamigen Ziegelei bzw. Keramikfabrik am östlichen Stadtrand von Prijedor eingerichtet, um dort kroatische und vor allem bosniakische Gefangene zu internieren. Der Internationale Strafgerichtshof für das ehemalige Jugoslawien berichtet von insgesamt 3000 Insassen, von denen ca. 300 ermordet wurden. Neben physischer Gewalt bis hin zu Folter waren Entwürdigungen jeder Art an der Tagesordnung.

Nach übereinstimmenden Schilderungen wurden im Lager Keraterm allein am 25. Juli 1992 rund 160 Gefangene erschossen, nachdem sie sich in einer Reihe hatten aufstellen und patriotische serbische Lieder singen müssen. Männer wurden vor den Augen anderer Mitgefangener auf brutale Weise »kastriert«. Serbische Aufseher schnitten ihnen mit Messern einfach die Hoden ab. Viele dieser so gefolterten Männer erlagen qualvoll ihren Verletzungen.

Omarska ist ein Dorf unweit von Trnopolje, in dem sich ein Kohlebergwerk befand, wo ein Großteil der gefangen genommenen Männer noch wenige Tage zuvor gearbeitet hatte. Auf diesem Gelände hatte man ein Lager errichtet. In der Zeit vom 25. Mai bis zum 30. August 1992 wurden hier mehrere Tausend Menschen gefangen gehalten. Die Insassen wurden gefoltert, misshandelt und ermordet, die Frauen systematisch vergewaltigt. Human Rights Watch und die UNHCR gehen von 4000 bis 5000 Todesopfern aus, was angesichts der zahlreichen Massengräber in der nahen Umgebung sowie der hohen Vermisstenzahlen realistisch scheint.

*

Ein von Stacheldraht eingefasstes Gelände, bewacht von bewaffneten Soldaten – das war unser neuer Lebensraum. Hier war alles planmäßig darauf ausgerichtet, uns einzusperren – unter menschenunwürdigen Bedingungen. Ich hatte diese Schule einige Male zu Sportwettkämpfen besucht und einige meiner Freunde waren hier zur Schule gegangen.

Jetzt war diese Schule ein Gefängnis. Sie hatte keine Ähnlichkeit mehr mit der alten Schule – es war ein Ort, der schon auf den ersten Blick furchteinflößend auf uns wirkte. Wir waren völlig verängstigt, auch unfähig, die Situation zu erfassen. Alles schien unwirklich, als würde ein Film vor unseren Augen ablaufen: die Gesichter verschreckter Frauen, älterer Leute und Kinder. Die feindseligen Männer mit Gewehren in den Händen.

Wir fragten uns: »Was passiert mit uns? Wann wird das hier vorbei sein?« Ein Ende schien nicht in Sicht; ein Ende gab es nicht und würde es auch nie geben. Auch nachdem ich diesen Ort verlassen hatte, begleiteten mich diese Bilder.

Konzentrationslager: Was hatte der Begriff bis dahin für mich bedeutet? Für ein dreizehnjähriges Mädchen? Wahrscheinlich hatte ich ein diffuses Bild, ich hatte gehört von den nationalsozialistischen Lagern, in denen Juden, Roma, Regimegegner, Menschen anderer ethnischer Gruppierungen, auch: bosnische Muslime, getötet worden waren. In Jasenovac, in Treblinka, in Auschwitz. Ich hatte mich nie gefragt, warum die Nazis Juden und Roma wegsperrten und töteten. Hatte man auch uns hier eingesperrt, um uns zu töten?

Bei diesem Gedanken ergriff eine merkwürdige Kälte meinen Körper. Ich lag erschöpft auf dem Boden und schaute in den Himmel. Ein blässliches Blau schmolz in der Hitze der Maisonne. Weit oben, als würde sich ein Punkt bewegen und eine Spur hinterlassen, flog ein Flugzeug. Ich dachte: »O Gott, dort oben sind die Menschen frei.«

*

Ich kam zu mir in Mutters Schoß. Um mich herum sah ich Menschen, die Schutz vor der Sonne suchten, andere liefen nervös umher. Auf der anderen Seite des Stacheldrahts standen Aufseher in Uniform und wachten über jeden unserer Schritte.

Die Soldaten befahlen uns, in das Schulgebäude zu gehen. Eine Treppe führte in die obere Etage. Nackter Beton, wenig Licht, dicke Stützpfeiler, Schultische und -bänke. Was bis vor Kurzem noch Klassenzimmer gewesen waren, war jetzt umfunktioniert in Schlafsäle für die Gefangenen. Hunderte Menschen dicht an dicht, zusammengepfercht, ohne Intimsphäre. Ich kann die Zahl nur schätzen, aber ich glaube, wir waren gleichzeitig über 600 Häftlinge, viele Frauen, Kinder und ältere Menschen. Insgesamt haben 3500 Zivilisten das Lager durchlaufen.

Mutter schob uns in eine Ecke. Wir legten uns unter den Schulbänken auf den blanken Fußboden, vielmehr auf unsere wenigen Kleider, die wir neben dem, was wir am Leibe trugen, noch bei uns hatten. Ich weiß nicht mehr, wie und wann wir uns Decken besorgten. Jedenfalls hatten wir nach ein paar Tagen etwas Weiches, worauf wir uns betten konnten. Die einzige Toilette befand sich im Erdgeschoss, doch sie war ständig verschmutzt, sosehr wir uns auch mühten, sie sauber zu halten. Man konnte sie vor üblem Gestank kaum betreten. Wer es wagte, auf die Toilette zu müssen, wurde zuvor von den serbischen Wachen schikaniert, bis er endlich gehen durfte. Also unterdrückte ich den Toilettengang, bis ich es vor Schmerzen nicht mehr aushielt.

Es stellte sich heraus, dass meine Mutter gut daran getan hatte, für uns im Obergeschoss des Gebäudes in der hintersten Ecke eines Klassenzimmers einen Platz zu finden. Denn am schlimmsten traf es diejenigen, die im Erdgeschoss oder in unserem Raum nahe der Eingangstür lagen. Betrunkene serbische Soldaten torkelten herein, holten sich Frauen und Mädchen und tobten sich an ihnen aus. Mädchen, an denen sie bei Tag Gefallen fanden, suchten sie nachts und nahmen sie mit. Sie grölten laut und drohten, sie abzuknallen oder irgendjemand zu töten, wenn sie sich nicht meldeten.

*

Der Tag in Trnopolje begann zwischen vier und fünf Uhr mit dem schrillen Weckruf der Trillerpfeifen. Nach Tagesanbruch verließen wir das Gebäude. Beim anschließenden Morgenappell gegen sechs Uhr mussten wir in Zehnerreihen antreten. Nachdem die Anwesenheit aller Häftlinge festgestellt worden war, wurden einzelne Personen namentlich aufgerufen und oft vor den Augen aller gepeinigt, körperlich und psychisch. Die Aufseher hatten Listen, anhand dieser Listen suchten sie auch nach Menschen und führten sie ab. Wohin, wieso, das wussten wir nicht. Einmal wurde der Name meines Vaters aufgerufen – dies sollte wohl dem Zweck dienen, ein Geständnis abzupressen, wo mein Vater sich versteckt hielt.

*

Es gab keine Versorgung mit Essen und Wasser. Die Aufseher erlaubten uns, zu den gegenüberliegenden Häusern außerhalb des Stacheldrahts zu gehen, um dort an mechanischen Handpumpen Wasser für die notwendigste Körperhygiene zu holen. Wir befürchteten, dass das kein Trinkwasser war, und verlangten, man solle uns sauberes Trinkwasser geben. Einige Male während dieser 25 Tage Lageraufenthalt kam darauf ein Tanklaster aus dem kommunalen Wasserwerk Prijedor und lieferte Trinkwasser.

Quälend war auch der Hunger. Diejenigen, die Familienangehörige im Lager hatten, bekamen die Erlaubnis, tagsüber das Lager zu verlassen. Nur kurz, für eine Stunde, um Essen aus den umliegenden Dörfern zu beschaffen, die bereits in serbischen Besitz übergegangen waren. Die Familienmitglieder im Konzentrationslager waren die Garantie, dass die Freigänger zurückkehren würden. Denn andernfalls hätte ihre Familie das Ausbleiben mit dem Leben bezahlen müssen.

Meine Mutter verließ das Lager fast jeden Tag. Manchmal zog auch meine Schwester an ihrer Stelle los. Sie gingen zu den Häusern, in denen noch Bosniaken ausharrten, oder wo auch immer etwas Essbares zu bekommen war. Da alle im Lager hungerten und manche nichts besorgen konnten, reichte das, was Mutter mitbrachte, nie aus. Wir bekamen immer nur ein paar Bissen. Das Wenige wurde unter allen aufgeteilt. Infolge der Mangelernährung magerten wir in kurzer Zeit so stark ab, dass wir nur noch aus Haut und Knochen bestanden.

Meine Schwester erzählte später, als wir dem Lager entkommen waren: »Ich fühlte mich gewissermaßen verantwortlich für Mutter und Schwester. Meine Schwester war noch minderjährig und Mutter auf sich allein gestellt. Deshalb brauchte sie Hilfe, und so musste ich rausgehen und mich auf Nahrungssuche begeben, irgendwie zurechtkommen.«

Eines Tages führte die Suche nach Essbarem meine Schwester in das Dorf Sivci, in dem früher viele Verwandte und Bekannte meines Vaters gelebt hatten. Sie fand dort eine Frau, die ihr eine Pita aus Weizenmehl und Kleie buk. Auf dem

Rückweg ins Lager gab sie jedem ein Stück Brot und ging am Ende selbst leer aus. Aber sie war glücklich, denn sie hatte viele Menschen zumindest ein wenig satt gemacht. Damals wollte sie uns nicht erzählen, dass sie selbst keinen Bissen gegessen hatte.

Nach der Rückkehr ins Lager diente der Appell offiziell dazu, die Häftlinge zu zählen. Tatsächlich aber dauerten solche Appelle oft stundenlang, entweder weil tatsächlich jemand fehlte oder aber als Strafe für irgendwelche »Verstöße« gegen die Lagerordnung. Die Appelle wurden auch genutzt, um Prügel- und andere Terrorstrafen an uns zu vollziehen, wobei zur Abschreckung das gesamte Lager anwesend sein musste. Ich musste hilflos zusehen und konnte einfach nichts tun.

*

Tagsüber war es im Lager noch einigermaßen erträglich. Die Aufseher ließen uns hinaus auf den Schulhof, wo wir uns die Zeit vertrieben. Obwohl wir nicht genug zu essen und zu trinken hatten, gelang es uns dennoch, den Tag relativ unbehelligt zu verbringen. Eines Tages tauchten Pferde vor dem Stacheldraht des Lagers auf. Obwohl die Soldaten sie verscheuchen wollten, blieben die Pferde stur dort stehen. Es stellte sich heraus, dass die Besitzer dieser Pferde mit uns in der Grundschule in Trnopolje gefangen waren. Die Pferde hatten, von ihrem tierischen Instinkt geleitet, den Weg von der Siedlung Brđani bis zur Schule in Trnopolje gefunden. Das war eine berührende Begegnung von Menschen und Tieren – die Menschen hinter Stacheldraht, die Tiere draußen, frei.

Heimlich beobachteten wir die Aufseher, ihr Aussehen, ihre Bewegungen, ihre Reaktionen. Sie tranken viel, wohl um die Schuldgefühle zu verdrängen. Was für ein Mensch musste man sein, um all das zu tun, was sie taten? Nein, das waren keine Menschen. Das waren Bestien! Wir lauschten den Flüchen und Drohungen der Soldaten. Manchmal kamen sie zu uns und verlangten Geld, Schmuck und andere Wertsachen. Doch all das war noch zu ertragen.

*

Am schlimmsten war die Nacht.

Im Schulgebäude gab es keinen Strom. Sobald es dunkel wurde, gingen wir hinein und saßen in der Dunkelheit. Der Raum war voller Menschen, wir hatten kaum genug Platz, um uns hinzulegen. Vom ersten Tag an presste Mutter uns eng an sich, im hintersten Winkel des Klassenzimmers. Wenn die Soldaten kamen, um nach »Beute« zu suchen, deckte sie uns zu, und sobald sie die Männer hörte, setzte sich auf uns wie auf eine Matratze, damit uns die Soldaten nicht bemerkten. Meine Schwester war neunzehn und ein hübsches, attraktives Mädchen. Mutter und ich hatten Angst um sie. Deshalb schor meine Mutter ihr die Haare und steckte sie in Kleider, die wie ein Sack an ihr hingen, damit sie nicht die Aufmerksamkeit der Soldaten erregte.

Meiner Schwester war es gelungen, Vaters kleines Klappmesser ins Lager zu schmuggeln. Später sagte sie mir, sie hätte es auch benutzt, wären die Soldaten auf die Idee gekommen, eine von uns zu vergewaltigen. Wenn ich heute darüber nachdenke, muss ich fast lachen: Wie hätte sie uns mit einem Taschenmesser verteidigen können? Die Soldaten kamen stets zu viert oder zu fünft. Wie in aller Welt hätte sie sich da verteidigen sollen? Doch dieses kleine Messer gab ihr ein gewisses Gefühl von Sicherheit.

Jeden Abend betranken sich die Aufseher. Sie kamen in unsere Schlafsäle, traten die Liegenden, fluchten und drohten. Man hörte dumpfe Schläge. Niemand traute sich, vor Schmerz zu schreien, denn erst dann wurde es »interessant«. Betrunken und blutrünstig suchten die Männer im Dunkeln oder mit Feuerzeugen nach Frauen im Raum. Wenn die Mädchen und Frauen sich wehrten, schlugen sie mit Fäusten und Gewehrkolben auf sie ein. Wir hörten die Frauen dann markerschütternd schreien.

Die Soldaten vergewaltigten Mädchen und Frauen. Sie wechselten sich ab. Sie lachten dabei. Sie packten die Mädchen einfach am Arm und schleiften sie raus. Sie grölten und sangen, während die Frauen schrien und flehten, sie nicht zu misshandeln. Wenn alles vorbei war, kamen die Frauen manchmal zurück. Dann hörten wir die ganze Nacht ihr Schluchzen. Viele kamen aber auch nicht zurück zu uns ins Klassenzimmer.

Sobald die Dunkelheit anbrach, waren wir alle in Gefahr. Deshalb ertrugen die Menschen schweigend die Verbrechen, die vor ihren Augen geschahen. Dabei wurden oft nicht nur die Frauen und Mädchen bedroht, sondern auch ihre Familie und weitere nahestehende Personen. Die Soldaten setzten Vergewaltigungen nicht nur zur Befriedigung ihrer sexuellen Triebe ein, sondern auch, um Gewalt und Herrschaft über eine Person zu demonstrieren. Das sah ich in ihren Augen. Es war ein Ausdruck von Aggression. Ich hatte das Gefühl, das alles war geplant, gut geplant. Die Aufseher kamen in regelmäßigen Abständen. Die Vergewaltigungen waren eine Machtdemonstration der Soldaten gegenüber uns wehrlosen Mädchen und Frauen.

Bis dahin hatte ich Männer als etwas angesehen, womit Gott die Frau beschenkte, um ihr Leben schöner zu machen. Als künftige Frau sah ich auch mich selbst so – als jemanden, der sich und den anderen lieben und glücklich machen würde. Gott hatte alles paarweise geschaffen, so auch Mann und Frau. Jetzt war ich von Männern angewidert.

*

In diesen Tagen der Ungewissheit war es mein Cousin Baja, der mir den Alltag erträglich machte. Baja kümmerte sich um mich, obwohl er sich eigentlich kaum um sich selbst kümmern konnte. Wir verbrachten viel Zeit miteinander und wir träumten gemeinsam von dem Tag, an dem wir wieder frei sein würden. Was wir dann alles machen würden. Baja rettete mein Bild vom anderen Geschlecht.

Ich ahnte damals nicht, welche psychischen Traumata der Krieg ihm zugefügt hatte. Baja verbarg alles tief in sich drin. Aber jedes Trauma hinterlässt seine Spuren. So auch bei Baja. Fünfundzwanzig Jahre danach verübte er Selbstmord. Er konnte wohl den Schmerz dieser tief in seiner Seele verborgenen Wunden nicht länger ertragen. Als ich von diesem Unglück hörte, zerriss es mich vor Schmerz. Doch überrascht war ich nicht.

Wir waren 25 Tage im Lager; 25 Tage dauerte dieses grausame Martyrium. Doch die seelischen Verletzungen, die Traumata, die die Erlebnisse dort und in diesem Krieg hervorriefen, sie lassen einen nie wieder los. Überraschend ist es eher, wenn jemand es schafft, über all das hinauszuwachsen. Sein Leben scheinbar ohne Weiteres weiterzuleben. Und doch: Kriegsopfer ist man ein Leben lang. Über all die Jahre hatte ich das Gefühl, etwas in mir im Zaum halten zu müssen. Mich selbst im Zaum halten zu müssen.

*

Es war an Kurban Bajram, dem Opferfest und höchsten Feiertag des Islam. Wir waren hinter dem Stacheldraht eingesperrt und nichts schien darauf hinzudeuten, dass dieser Tag ein besonderer war. Wir sprachen im Stillen unsere Gebete und baten Gott um seinen Beistand.

In den muslimischen Familien in Kozaruša wurde an Kurban Bajram geschlachtet und das Opfer – Kurban – verteilt. Vater schlachtete meist einen Hammel, teilte das Fleisch in Portionen auf, und meine Schwester und ich liefen durchs Dorf und verteilten es. Wir gaben auch denjenigen etwas, die keine Muslime waren. Sie waren unsere Nachbarn. Sie zogen mich mit groß. Unsere serbische Nachbarin war für mich meine Ersatztante. Von ihr lernte ich das Backen. Die serbischen Nachbarn waren sehr gesellig und Teil unserer Gemeinschaft. Da wir als gemischt-religiöse Gemeinschaft zusammenlebten, kannten wir die Bräuche der jeweils anderen Religionen. Die Serben kannten unsere Kurban-Bajram-Bräuche genauso wie wir ihre Weihnachtsbräuche. Und wir freuten uns über ihre Feiertage ebenso wie sie sich über unsere.

Vor dem Kurban-Bajram-Fest waren wir tagelang in Angst gewesen. Würden sie uns schikanieren an diesem Feiertag? Nun brach der Feiertag an und wir wurden positiv überrascht. Einige Soldaten, die uns vorher misshandelt und beleidigt hatten, machten Feuer, stellten einen Grillspieß auf und bereiteten ein Lamm zum Grillen vor. Sie behaupteten, sie wollten unseren Festtag gebührend begehen. Wir waren ausgehungert. Wir hatten tagelang keine richtige Mahlzeit mehr bekommen, weshalb uns diese Geste so sehr freute. Zum ersten Mal waren wir glücklich, glücklich darüber, dass in diesen Menschen doch ein Funken Menschlichkeit geblieben zu sein schien. Wir konnten es kaum erwarten, unseren Hunger mit einem Bissen Lammfleisch zu stillen und unser Opferfest zu begehen. Den Geruch des gegrillten Fleischs habe ich heute noch in der Nase.

Doch die Soldaten verfolgten einen ganz anderen Plan. Für jenen Tag hatte sich eine Delegation aus dem Ausland angekündigt. Das Rote Kreuz hatte von dem Lager gehört und bestand darauf, sich selbst davon zu überzeugen, dass in Trnopolje keine Zivilisten misshandelt wurden. Die Machthaber der Serbischen Gemeinde Prijedor behaupteten, es handele sich um eine einfache Sammelunterkunft, in der Zivilisten zu ihrem eigenen Schutz untergebracht seien, um bei militärischen Operationen keinen Schaden zu nehmen. Eine dreiste Lüge. Als die Delegation vom Roten Kreuz im Lager eintraf, erklärten ihnen die Aufseher, dass heute das muslimische Opferfest sei und sie Lamm für uns brieten. Diese Geste beeindruckte die Delegation tatsächlich genauso wie uns. Sie fragten uns Lagerinsassen zwar, ob es Misshandlungen gebe, doch niemand traute sich, die Wahrheit zu sagen. So gingen die Fremden wieder weg, überzeugt davon, dass wir unter besonderer Aufsicht und Schutz stünden.

Sobald sie fort waren, begann die Tortur. Diesmal war sie psychischer Natur. »Na, Hammelfresser, wollt ihr ein Stück Fleisch zum Bajram?«, höhnten die Soldaten lachend. Das gegrillte Lamm warfen sie vor unseren hungrigen Augen über den Zaun in den Dreck.

Gedemütigt kehrten wir in die Klassenzimmer zurück und verkrochen uns unter die Bänke. Ich habe keine Ahnung, warum wir den Übeltätern so schnell Glauben geschenkt hatten. Tagelang mordeten, vergewaltigten und misshandelten sie uns, und allein die Andeutung einer menschlichen Geste hatte ausgereicht, all das zu vergessen und ihnen wieder zu vertrauen. An jenem Tag herrschte eine seltsame Stille. Wir verspürten grenzenlose Ohnmacht.

Und doch hatte dieser Tag am Ende etwas Gutes gebracht. Er bestätigte die Volksweisheit, dass alles zu irgendetwas gut sein muss. Wir wurden vom Roten Kreuz namentlich verzeichnet. Und ab diesem Moment hatte das Töten tatsächlich ein Ende. Die anderen Torturen wie Vergewaltigungen und Prügelstrafen wurden fortgesetzt. Aber niemand wurde mehr getötet.

Die Tage vergingen qualvoll. Doch eines Tages hieß es plötzlich, wir seien frei. War das nur eine weitere Lüge?

6 *Gefangen in der Freiheit*

Ich hörte die Erwachsenen sagen, dass die serbischen Soldaten uns nach Hause gehen ließen. Aber in welches Zuhause, fragte ich mich. Fast jedes Haus war von Granaten getroffen oder niedergebrannt worden. In die wenigen unzerstörten Häuser zogen bereits Serben ein. Für Bosniaken war auch die Freiheit nicht ungefährlich – man musste fürchten, ins Visier von Heckenschützen zu geraten. Die Soldaten machten regelrecht Jagd auf Zivilisten.

Meine Mutter hatte von den Frauen, die uns während der Lagerhaft mit Brot versorgt hatten, gehört, dass unser Haus als einziges nicht niedergebrannt worden war, sondern »nur« ausgeraubt. Wir dachten, unser Zuhause könnte uns eine gewisse Sicherheit bieten. Doch das war völlig naiv. Die serbische Armee verfolgte einen menschenverachtenden Plan: die Bosniaken für immer aus diesem Gebiet zu vertreiben.

*

Im Lager fuhren Busse vor. Die serbischen Aufseher befahlen den Frauen und Kindern, einzusteigen. Wir bekamen keinerlei Informationen, wohin sie uns bringen würden. Wir wollten lieber nicht in diese Busse steigen, die uns womöglich vom Regen in die Traufe – an einen noch schlimmeren Ort – brachten. Aber im Lager bleiben wollten wir natürlich auch um keinen Preis. Viele waren schon vor uns abgefahren. Wir bangten – was, wenn sie die Transporte plötzlich stoppten? Wenn wir doch hierbleiben müssten?

Am Rand des Lagers standen Bauern mit Pferdefuhrwerken, bereit, ihre Transportdienste denen anzubieten, die das Lager verlassen durften. Schließlich waren wir an der Reihe. Meine Mutter entschied sich in letzter Minute um. Statt in einen der Busse zu steigen, kletterten wir in eines der Pferdefuhrwerke. Unser Ziel war der Ort Parase. Denn dorthin wollte mein Onkel, der älteste Bruder meines Vaters, der Trnopolje einen Tag vor uns hatte verlassen dürfen. Er war zumindest ein männlicher Beschützer aus der Familie, solange wir Vater noch nicht gefunden hatten. Noch klammerten wir uns an die Hoffnung, dass Vater irgendwo auf uns wartete und wir bald wieder vereint wären.

Die wehrfähigen Männer, die noch in Trnopolje waren, mussten im Lager bleiben. Viele von ihnen würden wir nie wiedersehen. Ich war froh, dass die Soldaten auch meinen Cousin Baja gehen ließen. Er und seine Mutter begleiteten uns.

Während der Fahrt ergriff uns beim Anblick der zerstörten Felder und verlassenen Dörfer blankes Entsetzen. Wir sahen fremde Menschen, die Häuser von vertriebenen oder getöteten Bosniaken plünderten. Wir sahen hungrige, streunende Tiere. Angst machte uns auch der Gedanke, dass wir auf dem Weg in das Haus eines Serben waren – es waren Freunde meines Onkels, die ihn und uns aufnehmen wollten. Würden diese Serben sich genauso verhalten wie die Soldaten im Konzentrationslager? Meine Tante versuchte uns zu beruhigen und beteuerte immer wieder, dass diese Serben uns nichts antun würden, dass sie doch unsere einstigen Nachbarn waren.

Im Lager hatte ich gelernt, die ständige Angst zu ertragen, indem ich mich in eine andere Welt träumte. Ich dachte an Prijedor, die schöne Stadt am Ufer der Sana. Ich stellte sie mir bildhaft vor: strahlend weiß mit hohen Häusern, voller lächelnder, gut gekleideter Menschen. Früher war ich mit meinen Eltern dann und wann zum Einkaufen nach Prijedor gefahren, manchmal waren wir dort ins Kino gegangen. Ich träumte davon, einmal dort zu leben, wenn ich erwachsen wäre. Ein Haus zu haben, direkt am Fluss, mit einer Terrasse gen Osten, in Richtung Sonnenaufgang. In weniger als einer Stunde könnte ich zu Fuß nach Kozaruša gehen, meine Eltern besuchen, meine Freunde und Verwandten.

*

Mit der Realität hatten meine Träume in diesem Augenblick rein gar nichts mehr zu tun: Prijedor war in jenen Tagen einer der furchtbarsten Orte auf der Welt. Der unbändige Nationalismus und Hass auf alles, was nicht serbisch war, verwandelten diese ruhige Stadt innerhalb kürzester Zeit in ein Schlachtfeld. Zivilisten wurden buchstäblich auf offener Straße ermordet und ihre Leichen mit Lkws auf Mülldeponien oder verlassene Grundstücke gebracht, wo sie in Massengräber geworfen wurden. Jahre später erfuhr ich, dass Hunderte Tote in einem Massengrab im Ortsteil Tomašica vergraben wurden. Forensiker sollten später allein an dieser Stelle 435 Körper von Zivilisten exhumieren.

Ich war dreizehn, und für mich hatten bis dato nationale Zugehörigkeit oder Religion keinen Unterschied im Ansehen der Menschen gemacht. Niemand durfte schlecht behandelt werden, nur weil er als Angehöriger eines anderen Volkes oder Glaubens geboren worden war. Doch genau das geschah. Unser Vergehen bestand darin, dass wir keine Serben waren.

Wir wussten nicht, dass die Vorgänge in Omarska und Keraterm bereits die Weltöffentlichkeit alarmiert hatten: Die Bilder der Reportage eines britischen Fernsehsenders sorgten weltweit für Entsetzen, erinnerten sie doch in eklatanter Weise an Aufnahmen aus deutschen Konzentrationslagern im Zweiten Weltkrieg. Die Regierungen der mächtigsten Länder hatten unter dem Druck der Öffentlichkeit beschlossen, die serbischen Machthaber zu zwingen, das Töten von Zivilisten, die physischen und psychischen Folterungen, die Vergewaltigungen und Quälereien in den Lagern zu beenden.

*

Bei unserer Ankunft in Parase erwartete uns mein Onkel bereits mit einer entsetzlichen Nachricht: »Suad ist getötet worden!«, eröffnete er ohne Umschweife. Die Nachricht war ein Schock, warf uns regelrecht um. »Papa ist getötet worden!«, wiederholte meine Schwester fassungslos immer und immer wieder. Bis heute begleiten mich diese vier Worte. Sie nehmen mir die Luft zum Atmen.

Mein Körper reagierte auf die Nachricht vom gewaltsamen Tod meines Vaters mit einer völligen Blockade. Meine Beine versagten den Dienst. Ich konnte weder aufstehen noch laufen. Der Schock hatte meinen Körper komplett paralysiert. In den folgenden Tagen trugen mich meine Schwester und meine Mutter abwechselnd oder fuhren mich in einer Schubkarre, wenn ihre eigenen Kräfte nicht mehr ausreichten.

Mutter traf die Nachricht vom Tod meines Vaters allerdings nicht gänzlich unvorbereitet. Einmal, als sie das Lager für ein paar Stunden verlassen hatte, um Essen für uns zu organisieren, hatte sie Gerüchte gehört, dass Vater tot sei. Ich hatte wohl bemerkt, dass ihr Gesicht grau vor Gram geworden war. Doch sie hatte uns nichts erzählt von diesen Gerüchten. Erst jetzt, da ich selbst eine erwachsene Frau und Mutter eines Kindes bin, annähernd in dem Alter, in dem sie damals war, kann ich mir vorstellen, was in ihr vorgegangen sein muss.

*

Wir warteten die Dämmerung ab und machten uns auf den Weg in das nächste Dorf, Causevci. Dort erfuhren wir genauer, wie sich die Ermordung meines Vaters zugetragen hatte. Während wir schon in Trnopolje gefangen waren, war es ihm gelungen, sich mehrere Tage im nahe gelegenen Wald zu verstecken. Am 1. Juni 1992 fiel eine Gruppe serbischer Soldaten in Kozaruša ein und steckte die Häuser vertriebener Bosniaken in Brand. Vater konnte das nicht tatenlos mit ansehen. Er verließ sein Versteck und wollte eines dieser Häuser löschen. Bei ihm waren Muhamed und ein weiterer Mann. Die Tschetniks schnappten sie alle drei. Quälten sie mit Messern. Dann erschossen sie meinen Vater und seine Begleiter. All das beobachtete ein älterer Mann, der Vater an jenem Tag etwas Milch gegeben hatte. Dieser Mann hatte es unseren Nachbarn erzählt. Und die erzählten es uns. Das ist alles, was wir über Vaters Tod in Erfahrung bringen konnten.

Da es für uns zu gefährlich war, nach Kozaruša zurückzukehren, blieben wir zunächst einige Tage in Causevci. Gemeinsam mit einem Dutzend weiterer Flüchtlinge durften wir im Haus von M. und D. C. wohnen. Ihnen konnten wir trauen – unsere Familien kannten sich lang, man half sich gegenseitig, etwa bei der Feldarbeit. M. hatte meinen Vater in den Tagen im Versteck mit Essen versorgt, D. hatte ihn notdürftig begraben. Obwohl sie selbst kaum etwas zu essen hatten, nahmen sie uns herzlich auf und teilten das Wenige, das sie hatten, mit uns. Bis heute bin ich ihnen zutiefst dankbar und besuche das Rentnerehepaar regelmäßig. Während wir dort waren, fand Mutter unsere entlaufenen Schafe und Kühe wieder. Sie schlachtete fast jeden Tag ein Schaf und verteilte das Fleisch unter den Flüchtlingen. Zwar waren es Tage der Ungewissheit, aber wenigstens waren wir satt und konnten etwas Kraft schöpfen. Auch wenn oft die Rede davon war, dass wir sicherlich deportiert werden würden, glaubten wir insgeheim noch immer daran, dass der Krieg bald zu Ende sein würde und wir alle in unsere Häuser beziehungsweise das, was davon übriggeblieben war, zurückkehren könnten.

*

Nachts wurde die Stromversorgung abgestellt. In einer dieser dunklen Nächte, während wir in D.s Haus vor einer Kerze trauerten, schlich sich meine Schwester heimlich aus dem Haus, um den Ort aufzusuchen, an dem Vater begraben war. Sie entdeckte die flach und auf die Schnelle ausgehobene Grabstelle, die nur oberflächlich zugeschaufelt war. Mit bloßen Händen grub sie in der Erde und fand unseren Vater, lediglich in eine Decke gewickelt, dort im Boden vergraben.

Viele Jahre später fragte ich sie, warum sie das Grab suchen gegangen war. Sie wollte nicht antworten, doch schließlich brach sie ihr Schweigen: »Ich wollte sicher sein, dass all die Geschichten über Vaters Tod stimmten. Erst als ich die Grabstelle gefunden und seinen toten Leib berührt hatte, konnte ich ganz sicher sein.« Während sie erzählte, liefen uns beiden ohne Unterlass Tränen über das Gesicht.

Als meine Schwester sicher war, dass Vater tot war, gewann der Trotz die Oberhand – sie wollte jetzt alles tun, um Mutter und mich zu retten. Von Vaters Grab ging sie weiter

KROATIE
N
W
O
S
BOSNIE
HERZEGOW
0

Save
Bosanska Dubica
Kozara
Keraterm
Prijedor
Kozarac
Kozaruša
Duraćci
Causevci
Trnopolje
Omarska
Weißes Haus
Sana
Sanski
Most
Banja Luka

zu unserem Haus. Ihr war klar, dass wir nie wieder dorthin zurückkehren würden. Wäre Vater noch am Leben gewesen, wären wir sicher nach Hause zurückgegangen. Doch er war nicht mehr da. Sie holte Geld und Schmuck aus einem Versteck und verbarg es im Saum ihrer Kleidung.

*

Das Einzige, was unsere Verzweiflung in den darauffolgenden Tagen unterbrach, war der Hunger. Das Haus unserer Tante war abgebrannt, sie hatte nichts daraus retten können. Unsere Eltern hatten in einem Versteck hinter unserem Haus Mehl- und Salzvorräte angelegt, die wir jetzt gut hätten brauchen können. Zunächst trauten wir uns nicht dorthin. Aber der Hunger war schließlich stärker, und wir wagten uns gemeinsam mit Tante Himka und Baja zu unserem Haus. Meine Tante war zwar eine kleine und zierliche Frau, aber sehr mutig.

Kaum waren wir am Haus angelangt, wurden wir von serbischen Soldaten mit angelegten Gewehren gestellt. Sie wollten wissen, was wir hier zu suchen hätten. Meine Mutter und meine Tante versuchten zu erklären, dass dies unser Haus sei und wir uns nur etwas zum Anziehen holen wollten. Doch die Soldaten hörten überhaupt nicht zu. Einer von ihnen warf eine Handgranate zwischen uns, um uns zu erschrecken – sie war zum Glück nicht entsichert. Die Männer ergötzten sich an unserer Angst.

Mutter war besonders tapfer und begann, mit den Soldaten zu scherzen. Sie nahmen sie mit in das Haus meines Onkels. Dort hatten die Soldaten eine Art Posten eingerichtet, von dem aus sie jede Bewegung von Kozaruša bis Causevci beobachten konnten. Meine Schwester, meine Tante, Baja und ich wurden von einem Soldaten in unser Haus abgeführt. Auf einmal hörten wir eine Gewehrsalve. Wir waren sicher, dass sie nun auch unsere Mutter getötet hatten. Während wir in Todesangst im Haus festgehalten wurden, drohten uns die Soldaten, dass sie uns alle abschlachten würden, sie würden sich für alles an uns rächen. Die Soldaten putschten sich in ihrem Gebaren geradezu gegenseitig auf: »Euer Vater und muslimische Männer ziehen mordend und vergewaltigend durch serbische Dörfer!« Doch fast alle unsere Väter und Männer waren tot oder in Gefangenschaft. Sie erzählten nur Lügengeschichten.

Meine Mutter hatte die Soldaten überreden können, von ihr abzulassen. Nach zwei Stunden Misshandlungen und psychischer Folter kam sie zurück. Wir alle standen nach diesen Ereignissen so unter Schock, dass uns nicht mehr nach Essen zumute war. Trotzdem gelang es Mutter irgendwie, Lebensmittel in eine Schubkarre zu laden. Sie versprach den Soldaten, am Folgetag zurückzukommen und ihnen gefällig zu sein. Uns war klar, dass Mutter das um nichts in der Welt tun würde. Wir mussten schnellstens weg – weiter; so gingen wir nach Duraćci, wo wir abermals bei Verwandten unterkamen. Ihr Haus war sehr klein; es gab nur zwei Zimmer, in denen die Eltern gemeinsam mit ihren vier Töchtern wohnten.

*

Meine Schwester, Baja und ich waren gemeinsam im Zimmer der Mädchen untergebracht. Eines Tages wollte ein Trupp Soldaten den Traktor entwenden, doch er sprang nicht an. Wutentbrannt stürmte einer der Soldaten ins Haus und begann Mutter, Tante Himka und die Frau des Hauses zu quälen. Wir sechs Mädchen und Baja versteckten uns in unserem Zimmer, zitternd vor Angst. Meine Schwester hielt mir den Mund zu, damit wir bloß nicht bemerkt würden. Sie war sich sicher, dass man uns verschleppen und vergewaltigen würde, wenn man uns entdeckte. Der serbische Soldat klopfte mit seiner Pistole an unsere Tür, doch wir rührten uns nicht. Im Stillen sagten wir alle Gebete auf, die uns einfielen, und flehten Gott um Beistand an.

Während die Frauen gefoltert und unsere Mutter misshandelt wurde, mussten wir tatenlos zuhören und still ausharren. Plötzlich bellte draußen der Hund, der im Hof vor seiner Hütte angekettet war. Ein Soldat schoss und das Gebell verstummte. Kurz darauf hörten wir einen zweiten Schuss. Wir dachten, sie hätten Mutter erschossen. In dieser entsetzlichen Stille gelang es einem der Soldaten, den Traktor anzulassen, und sie fuhren weg. Wir rannten nach draußen und sahen: Mutter lebte, aber der Vater der vier Mädchen war tot.

*

Danach war uns endgültig klar, dass es hier für uns keine Sicherheit oder ein Leben in Frieden mehr geben konnte. Mit der Hilfe eines Freundes von Vater, einem Serben, gelangten wir von Duraćci nach Prijedor. Mutter schickte uns mit ihm in seinem Auto vor, sie selbst kam zu Fuß nach. Wir fanden Quartier bei einer Cousine meines Vaters. Obwohl es strengstens verboten war, jemanden bei sich aufzunehmen, durften wir bei ihr übernachten. Die Tage verstrichen und wir warteten auf irgendeine Erlösung. Alles schien besser als die ewige Ungewissheit. Täglich hörten wir von sogenannten ethnischen Säuberungen. Viele der Flüchtlingskonvois, die für Lagerinsassen und die übrigen Bosniaken organisiert wurden, kamen niemals am Ziel an. Heute kennt man die Massengräber.

*

Eines Morgens gegen fünf Uhr eröffnete Mutter uns: »Wir brechen auf! Heute fährt der letzte Bus, mit dem wir nach Travnik gelangen können.« Travnik lag in Zentralbosnien und war teils von muslimischen und katholischen Bosniaken kontrolliert. Mutter war fest entschlossen, uns dort in Sicherheit zu bringen. Das zerzauste Haar meiner Schwester zerwühlte sie mit den Händen noch zusätzlich, damit sie möglichst unansehnlich und schmutzig aussah und ein männliches Auge sie gar nicht erst wahrnahm. Wir hörten die Soldaten: »Wenn ihr euch nicht sofort am Sammelplatz einfindet, werdet ihr euch wünschen, nie als Muslime geboren zu sein!« Das war die letzte Stufe der ethnischen Säuberung, die uns Bosniaken unsere Existenzgrundlage nehmen sollte.

In dem Bus, der etwa sechzig Plätze hatte, waren sicher mehr als hundert Menschen zusammengepfercht. Die Älteren setzten sich buchstäblich auf uns Kinder, damit die Soldaten nicht sahen, dass hier Mädchen waren. Die Soldaten befahlen uns, nicht aus dem Fenster zu schauen. Niemand sollte die Route verfolgen und sie der Armee von Bosnien und Herzegowina verraten können. Ich sah, dass meine Schwester die ganze Zeit während der Fahrt aus dem Fenster schaute.

Der Bus war schon eine Weile unterwegs, als er unvermittelt auf offener Strecke anhielt. Die Tür wurde geöffnet und serbische Soldaten reichten eine Tüte in den Bus und forderten uns auf, Geld und Schmuck, alle Wertgegenstände hineinzulegen, sonst würden sie uns umbringen. Aber wir hatten ja nichts mehr, denn uns war schon im Lager alles abgenommen worden. Weder Mutter noch ich wussten, dass meine Schwester etwas verbarg, was sie in den Hosensaum eingenäht hatte.

*

Endstation des Busses war irgendwo bei dem Dorf Turbe, das während des Krieges lange Zeit direkt an der Frontlinie lag und teilweise stark zerstört wurde. Die serbischen Soldaten trieben uns aus dem Bus und verlangten, dass wir zu Fuß weitergingen. Uns bot sich ein entsetzlicher Anblick: tote Menschen, offensichtlich hingerichtet und einfach liegen gelassen. Es stank furchtbar nach Blut und nach Verwesung. Die Vermutung lag nahe, dass nun wir an der Reihe waren und man auch uns erschießen würde, so wie die Toten hier. Später wurde uns klar, was für ein Glück wir hatten: dass die serbischen Soldaten uns nur deshalb nicht töteten, weil wir für einen Austausch vorgesehen waren. Sie tauschten einfach Menschen gegen Menschen aus, wie Vieh auf dem Viehmarkt. Ein Menschenleben für ein anderes, ein Muslim gegen einen Christen.

*

Sie ließen uns also ziehen. Ich weiß nicht, wie lange wir gelaufen waren, bis wir schließlich wieder bärtige und bewaffnete Männer erblickten. Der Schreck war riesengroß, wir fürchteten, erneut serbischen Soldaten in die Hände gefallen zu sein. Doch dieses Mal waren es Soldaten aus einer muslimischen und kroatischen Einheit der Armee der Republik Bosnien und Herzegowina. Es ist schwer, die Erleichterung zu beschreiben, die ich in dem Moment empfand. Ich rannte umher und küsste jeden einzelnen Soldaten. Obwohl ich schon dreizehn war, dachten sie, ich sei erst acht Jahre alt. Ich war so dünn. Ich wog nur noch 28 Kilogramm.

Ich weiß nicht, woher wir die Kraft nahmen, in unserem Zustand den nun folgenden nächtlichen Marsch durchzustehen: gut 30 Kilometer. Wahrscheinlich war es der Gedanke an Freiheit, der uns die Strecke bewältigen ließ. Jeder Soldat übernahm etwa ein Dutzend Flüchtlinge und kümmerte sich bis Travnik um uns. Während wir in Begleitung der Soldaten marschierten, prasselten von den serbischen Stellungen Kugeln auf uns nieder. Wir ruhten uns immer nur kurz aus. Dann marschierten wir weiter, so lautlos wie möglich. Jedes Geräusch hätte uns das Leben kosten können. Schließlich kamen wir völlig entkräftet in Travnik an. Man brachte uns in einem Schulgebäude unter. Schon wieder in einem Klassenzimmer.

*

Meine Schwester war bis dahin ständig in irgendwelche Lumpen gehüllt, um möglichst hässlich auszusehen. Erst jetzt war sie wieder sie selbst, nach fast zwei Monaten Verkleidung. Als wir endlich aufatmen konnten, zeigte sie uns das Klappmesser aus Vaters Jagdausrüstung, welches sie seit dem Lager bei sich trug, ebenso wie den Goldschmuck, den sie in ihrer Jeans versteckt hatte, deren doppelte Nähte sie mit dem Messer aufgeschnitten hatte.

Wir blieben nur eine Nacht in der Schule in Travnik. Ein längerer Aufenthalt war zu gefährlich. Ständig gingen Granaten nieder. Außerdem hieß es, nur von Zenica aus könnten wir irgendwie nach Kroatien gelangen. Doch es gab keine Transportmöglichkeit, sodass wir wieder laufen mussten. In Zenica angekommen, holte uns ein entfernter Verwandter meines Vaters, Šaban Mehanović, ab und brachte uns in ein Ferienhaus, in dem es reichlich Essensvorräte gab. Endlich eine Mahlzeit ohne Furcht. Ich werde die Sardellen aus der Dose niemals vergessen. Ich liebe sie bis heute. In Mehanović blieben wir ungefähr zehn Tage.

*

Vor uns lagen sowohl Grenz- als auch bürokratische Hürden. Wir waren zu allem bereit, um Bosnien zu verlassen – den Krieg und die Gefahr, noch einmal ein Lager durchleben zu müssen. Meine Mutter, meine Schwester und ich kamen geradewegs aus der Hölle. Ein Versuch, ohne Pässe über die bosnische Grenze nach Kroatien zu kommen, scheiterte allerdings. Wir versetzten den Goldschmuck bis auf Vaters goldene Kette, um Geld für die Pässe zusammenzubekommen. Ein Verwandter meines Vaters verhalf uns schließlich zu Reisepässen, damit wir weiterreisen konnten. Wir schafften es irgendwie mit dem Zug bis in die kroatische Grenzstadt Karlovac. Anfangs konnten wir gar nicht glauben, dass hier nicht geschossen und gemordet wurde.

*

Kroatien hatte seine Grenzen für Kriegsflüchtlinge aus Bosnien bereits dichtgemacht und wollte sie unter allen Umständen geschlossen halten. 700 000 Flüchtlinge im eigenen Land seien genug, war aus Zagreb zu hören. Daher gewährten die Behörden Bosniern nur noch zwei Wochen Aufenthalt. Und so harrten wir in einer ehemaligen heruntergekommenen jugoslawischen Kaserne in Karlovac aus, mit notdürftigen Essensrationen und schlechter medizinischer Versorgung. Viele von uns litten bereits unter Albträumen und Verfolgungspsychosen infolge des Konzentrationslagers.

Verzweiflung und Hoffnungslosigkeit machten sich breit. Ich löcherte meine Mutter mit Fragen. »Soll das hier die ersehnte Freiheit sein? Wollen die uns auch wieder ins Lager zurückschicken?«

Ich bekam keine Antworten. Stattdessen schrie Mutter mich immer wieder an, ich solle endlich still sein. Da begriff ich: Wir waren nichts wert. Niemand kümmerte sich um ein bosnisches Mädchen.

*

Mutter nahm Kontakt auf mit Onkel V. und bat ihn um Rat. Er sagte, wir sollten sofort nach Zagreb weiterfahren, dort würde unser Neffe Muhamed auf uns warten, der Sohn unserer Tante. Ein Mann, den wir überhaupt nicht kannten, zahlte unsere Fahrkarten. Ich hätte dankbar sein sollen, aber ich konnte nichts fühlen. Freude, Traurigkeit, alles fühlte sich gleich an.

Wir kamen in Zagreb am Hauptbahnhof an. Stunden vergingen, doch niemand holte uns ab. Wir waren hungrig, durstig und müde. Wir hatten nichts, bis auf fünfzig deutsche Mark, in eine Trainingshose eingenäht. Aneinandergeschmiegt kauerten wir neben unserem bescheidenen Flüchtlingsgepäck und warteten schier endlos. Als wir schon alle Hoffnung aufgegeben hatten, tauchte Muhamed doch noch auf. Er fand uns in einem erbärmlichen Zustand vor, ausgehungert, durstig, erschöpft und mit tränenverschmierten Gesichtern.

*

Er brachte uns in seiner Wohnung unter, während seine Familie ins Wochenendhaus ausquartiert wurde. Wir blieben acht Tage dort. Ich bin unserem Neffen bis heute dankbar. Obwohl klar war, dass wir weiterziehen mussten, erlebten wir bei ihm endlich friedliche Tage in der Gewissheit, dass uns niemand etwas zuleide tun würde. Die ganze Familie versuchte, uns ein Gefühl der Sicherheit und Geborgenheit zu geben.

Meine Schwester, Mutter und ich vermieden es in dieser Zeit ganz bewusst, uns in die Augen zu schauen. Wir sprachen nicht über das, was wir erlitten hatten. Wir schliefen nicht. Wir konnten aber auch die Nähe anderer Menschen nicht aushalten. Die Tage waren von einem unbeschreiblichen Schweigen gezeichnet. Ich träumte mich weg in unbeschwerte Kindertage. Nur die schönen Tage unter dem Kirschbaum ließen mich noch atmen.

7 Ankunft in Deutschland

Am 4. August 1992 kamen wir nach Mannheim. In meinen Augen damals eine überwältigend große Stadt. Ich hatte solche Städte schon früher im Fernsehen gesehen, jedoch nie geglaubt, einmal dort zu leben. Ich fragte mich, wie ich mich da je zurechtfinden sollte. Ich war in einem Ort geboren und aufgewachsen, in dem es nur eine einzige Straße gab. Wir waren einmal im Monat nach Prijedor zum Einkaufen gefahren. Die meisten Lebensmittel stellten wir selbst her: Butter, Käse und Joghurt. Aus unserem eigenen Obst und Gemüse kochten wir Marmelade und Säfte ein. Unser kleines Dorf genügte uns, denn es gab uns fast alles, was wir zum Leben brauchten. Jetzt war ich in dieser großen Stadt, in der ich mich fürchtete: vor den Hochhäusern, den breiten Straßen und den vielen Menschen. Die Sprache, in der sich die Menschen unterhielten, war mir völlig fremd. Ich verstand kein Wort; aber sie klang wie Melodie in meinen Ohren.

*

Wir kamen im Haus des Onkels an, in dem er mit seiner Frau und seinem Sohn lebte. Binnen kürzester Zeit ging es mir trotz der Gastfreundschaft meines Onkels so schlecht, dass ich mich jeden Abend in den Schlaf weinte. Ich war unglücklich, mit mir, mit dem Leben. Und ich war wütend auf alles und jeden. Meine körperliche Kraft kehrte zwar zurück und ich kam wieder auf die Beine, einen Sinn darin sah ich jedoch nicht. Natürlich war ich dankbar, dass wir hier sein konnten, in Frieden. Doch warum sollte ich auf eigenen Füßen stehen, wenn ich dieses Leben ohne Vater in der Fremde überhaupt nicht wollte? Ich sah, wie orientierungslos auch meine Mutter und meine Schwester waren, wie sie sich nur nach außen stark gaben. Eigentlich waren sie gebrochen und fanden auch keinen Seelenfrieden.

Diese erste Zeit in Deutschland war hart. Sie war die Rettung für den Körper, doch ein völliger Kollaps für die Psyche. Niemandem war bewusst, dass ich abstürzte, in ein tiefes Loch fiel und Gefahr lief, aus diesem Loch nicht wieder herauszufinden. Erst heute, dreißig Jahre später, bin ich mir der Traumata und ihrer Spätfolgen bewusst.

*

Eine Woche nach unserer Ankunft musste ich, so schrieb es die Schulpflicht per Gesetz vor, wieder in die Schule gehen. Ich war nicht bereit dazu. Ich konnte kein Deutsch. Ich wollte keinen Menschen begegnen müssen, insbesondere jenen nicht, die mich auslachten, weil ich anders war und ihre Sprache nicht sprach. Zunächst besuchte ich die Hauptschule in Wallstadt, einem Ortsteil von Mannheim, da alle Flüchtlingskinder aus Bosnien auf die Hauptschule kamen. Nach kurzer Zeit waren Lehrer und Elternvertreter sich einig, dass ich nicht am Regelunterricht teilnehmen konnte, da ich schlicht kein Wort Deutsch verstand. Allerdings war ich gut im Mathematikunterricht. Rechenaufgaben, Zahlen, das war meine Welt, und ich verstand sie ohne Worte. Ich erinnere mich noch gut an die ersten Tage – wie ich allein auf dem Schulhof stand. Ich wollte wie die anderen sein, ihre Sprache sprechen, nicht Mirsada heißen, sondern Jenni.

Sie schickten mich in einen Sprachkurs in einer anderen Schule. Ich begriff schnell, dass ich nicht vorwärtskommen würde, bevor ich nicht das »gelbe Buch«, das Langenscheidt-Wörterbuch, durchgearbeitet hätte. In drei Monaten konnte ich das »gelbe Buch« in großen Teilen auswendig.

*

In Mannheim blieben wir acht Monate. Obwohl wir aus dem Kriegsgebiet Bosnien kamen, wurden wir zunächst nicht als Kriegsflüchtlinge anerkannt, weil wir nicht mit einem Flüchtlingskonvoi aus Kroatien gekommen waren, sondern mein Onkel eine Verpflichtungserklärung unterschrieben hatte, damit wir nach Deutschland einreisen durften. Also musste er für uns sorgen, nicht etwa die Stadt Mannheim oder die Bundesrepublik Deutschland. Das brachte erhebliche Nachteile mit sich. Wir erhielten keine staatliche finanzielle Hilfe, hatten keine Krankenversicherung.

Meine Schwester erhielt eine befristete Arbeitserlaubnis und musste sich einen Job suchen, damit wir dem Onkel Kostgeld zahlen konnten. Das war schwierig, denn auch sie sprach ja kein Deutsch. Einmal verlief sie sich auf dem Heimweg von der Arbeit und fand nicht mehr nach Hause. Ich kann mir kaum vorstellen, was sie durchgemacht haben muss. Mein Onkel hatte zudem einer weiteren vierköpfigen Familie Zuflucht in seinem Haus geboten. Mutter kochte täglich für uns alle und putzte jeden Tag das ganze Haus.

*

Für mich war das eine neue Welt, die ich nicht verstand, und deshalb war meine Reaktion auch so heftig. Unzufriedenheit, Tränen, Trauer. Doch heute bin ich unserem Onkel überaus dankbar, denn er hat uns das Ankommen hier ermöglicht. Natürlich muss man das Brot, das man isst, selbst verdienen. Doch das konnte das Mädchen Mirsada damals nicht begreifen.

*

Bei aller Großzügigkeit meines Onkels und aller Dankbarkeit unsererseits blieben Spannungen und Konflikte nicht aus, wenn so viele Menschen unter solchen Umständen unter einem Dach zusammenlebten. Uns war klar, dass wir ihm zur Last fielen, obwohl er uns natürlich anbot, zu bleiben. Meine Mutter ist eine starke Frau, die viel aushalten kann. Ohne diese Eigenschaft hätte sie den Krieg mit Sicherheit nicht überlebt. Doch auch bei ihr war die Toleranzschwelle irgendwann überschritten. Eines Tages, nach einem Streit mit der Tante, nahm sie mich bei der Hand und ging mit mir hinaus auf die Straße. Wir hatten nur zwei Tüten mit unseren Sachen dabei und wussten nicht, wohin. Wir setzten uns auf eine Bank an der Bushaltestelle.

Aus der Not heraus kam Mutter eine Idee. Wir gingen zu einer Telefonzelle, und sie rief unseren Cousin H. an, der in Heidelberg ein Unterkommen gefunden hatte. Er holte uns ab und brachte uns in seine Wohnung. Doch auch dort, bei seiner Familie, konnten wir nicht länger als ein paar Tage bleiben, denn auch sie waren Flüchtlinge und die Wohnung viel zu klein für uns alle. Ich kann mich aber auch an einen Glücksmoment erinnern: Um mich aufzuheitern, schenkte H. mir einen riesigen Teddybär. Was für eine Freude, ich war ihm so dankbar dafür.

*

In dieser scheinbar ausweglosen Situation telefonierte Mutter mit ihrer Schwester Kelima, die in Kaisersbach, im Rems-Murr-Kreis, lebte. Als meine Tante die traurige Stimme ihrer Schwester am Telefon hörte, machte sie sich sofort auf den Weg und holte uns aus Heidelberg ab. Leider hatte auch sie nur ein kleines Haus, weshalb sie uns ebenfalls nicht für längere Zeit aufnehmen konnte. Aber sie fand eine längerfristige Lösung, und dafür war ich ihr mehr als dankbar.

Meine Mutter und ich bekamen unentgeltlich eine kleine Wohnung, wenn man unsere Unterkunft so nennen konnte: Es war ein nicht ausgebauter Dachstuhl von ca. 50 Quadratmetern, eigentlich nicht als Wohnraum gedacht. Doch für uns war es groß genug. Die neue Bleibe gab uns Sicherheit – für uns war sie so schön und so wertvoll wie die vornehmste Villa.

Bis heute sind wir und bin ich Frau Berti H., die uns den Raum im Dachgeschoss ihres eigenen Hauses zur Verfügung gestellt hatte, unendlich dankbar. Sie wurde für uns zu einer der wichtigsten Bezugspersonen in Deutschland. Da sie den Zweiten Weltkrieg überlebt hatte und selbst Flüchtling gewesen war, war sie voller Verständnis für das, was wir durchgemacht hatten. Sie verstand auch mich: ein verzweifeltes Kind, in ein neues soziales Umfeld geworfen, mit einer Kultur konfrontiert, die es nicht verstand und nur schwer akzeptierte. Sie wusste, was es bedeutete, wenn die Familienstruktur auf so dramatische Art und Weise zerstört wurde. Sie flößte mir Vertrauen ein, ohne selbst zu ahnen, wie wichtig das für mich war. Ab diesem Moment begann ich mich auf die neue Umgebung einzulassen. Indem ich Vertrauen zu Frau Berti aufbaute, öffnete ich mich, war langsam bereit, mich in diese Welt zu integrieren. Frau Berti half mir auch, mich in meiner neuen

Schule in Welzheim einzugewöhnen. Sie unterstützte mich bei den Hausaufgaben, so gut sie nur konnte.

*

Mutter musste nachts in Restaurants arbeiten und bei fremden Leuten putzen gehen, um unseren Lebensunterhalt zu verdienen. Wir hatten nur eine Kochplatte, auf der wir unser Essen zubereiteten. Alles andere, was wir an Mobiliar und Gebrauchsgegenständen benötigten, mussten wir uns zusammenbetteln oder aus dem Sperrmüll sammeln. Nachdem Frau Berti uns erklärt hatte, dass wir uns da einfach bedienen und mitnehmen durften, was wir brauchen konnten, machten meine Mutter und ich kostenlose »Shoppingtouren« im Sperrmüll. Nachdem ich allerdings in der Schule war und die anderen Kinder mich kannten, schämte ich mich dafür. Also log ich meine Mutter jedes Mal an, dass ich Bauchschmerzen hätte oder wichtige Aufgaben für die Schule erledigen müsse, wenn sie zusammen mit mir losziehen wollte.

*

Das Leben im neuen, im deutschen Heim gab uns äußeren Frieden. Doch inneren Frieden fand ich nicht. Die innere Unruhe, die Angstzustände bis hin zu Panikattacken waren zurück. Die Erinnerungen ließen mich einfach nicht los. Quälende Bilder von dem, was ich gesehen und erlebt hatte. Und so begann ich, meine Empfindungen, meine Gedanken und Wünsche, aber auch das unsagbar Schreckliche, was ich hatte mit ansehen müssen, in einem Tagebuch aufzuschreiben.

*

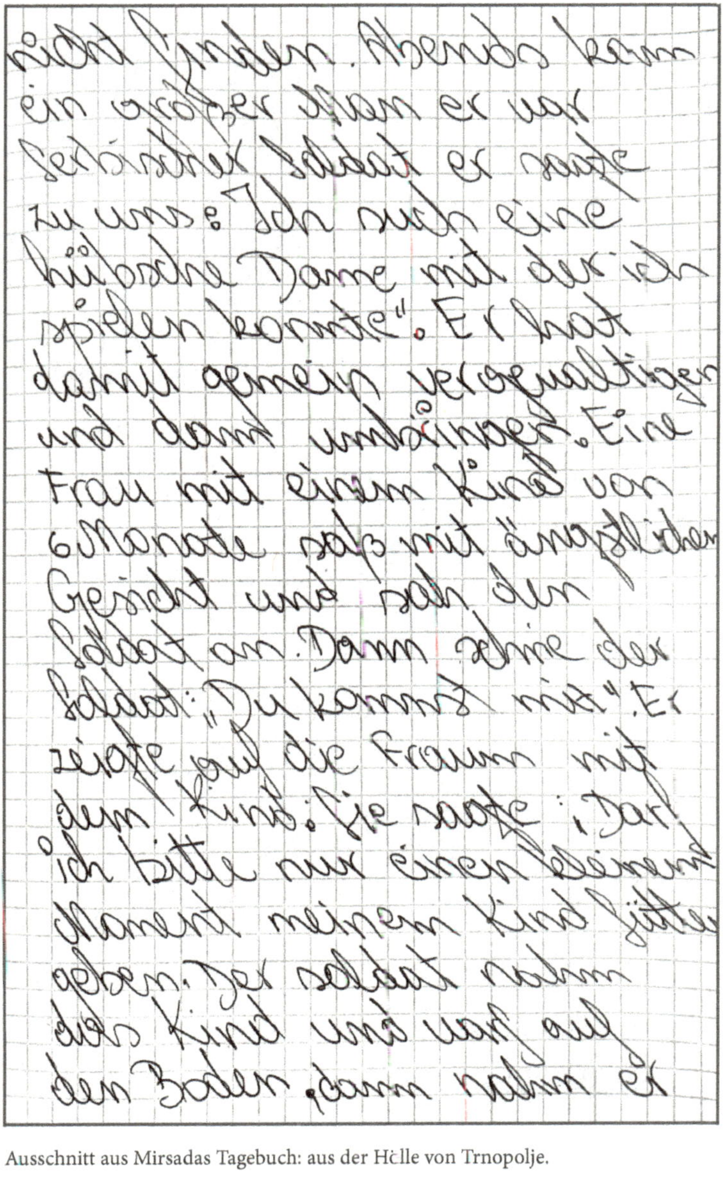

nicht finden. Abends kam
ein großer Mann er war
serbischer Soldat er sagte
zu uns: „Ich such eine
hübsche Dame mit der ich
spielen konnte". Er hat
damit gemeint vergewaltigen
und dann umbringen. Eine
Frau mit einem Kind von
6 Monate saß mit ängstlichem
Gesicht und sah den
Soldat an. Dann schrie der
Soldat: „Du kommst mit!" Er
zeigte auf die Frau mit
dem Kind. Sie sagte: „Darf
ich bitte nur einen kleinen
Moment meinem Kind fütter
geben." Der Soldat nahm
das Kind und warf auf
den Boden, dann nahm er

Ausschnitt aus Mirsadas Tagebuch: aus der Hölle von Trnopolje.

die Frau und ging. Wir
all durften uns nicht be
wegen bis er nicht weg war
Als er weg war, ranten
alle zu dem Kind hin:
Es war schon zuspät, daß
Kind war schon tot. Morgens
kam meine Cousine und
ihr Mann und wir fuhren
ins Dorf ich konnte es
nicht erwarten den ich
möchte meine Vater sehen.
Als wir da waren sagten
die zu mir: Jetzt müssen
wir erst was essen
dann werdet ihr gleich zu
Suad fahren. Mein Vater
hieß Suad. Als es genau
5 Uhr wurde kam mein
Onkel zu uns und sagte:

Ich dachte ununterbrochen an meinen Vater. Diese Leere, die durch seinen brutalen Tod entstanden war, konnte durch nichts gefüllt werden. Ich hatte eine solche Sehnsucht nach ihm. Was hätte ich darum gegeben, meinen Vater noch einmal umarmen zu können! War ich egoistisch? Was wäre gewesen, wenn er mit uns ins Konzentrationslager gekommen wäre? Es hätte ihn umgebracht. Er konnte kein Unrecht ertragen, und im Lager gab es nichts anderes als das: Erniedrigungen, Misshandlung, Hunger, Vergewaltigung, Gewalt, Mord. Er hätte das nicht überlebt. Nicht wegen der Schläge und der Tortur, sondern vor Sorge, was sie uns antun könnten. Ob sie uns quälen und vergewaltigen würden. Vater selbst hätte den Tod gewählt, wenn sie ihn vor die Wahl zwischen der Gefangenschaft im KZ und dem Tod gestellt hätten.

*

Zu all diesen immer und immer wiederkehrenden traumatischen Erinnerungen kam der Trennungsschmerz von meiner geliebten Schwester. Sie war erwachsen und konnte selbst für ihren Lebensunterhalt sorgen. Sie blieb in Mannheim, nachdem Mutter mit mir Hals über Kopf weggelaufen war. Wochenlang konnte ich meine Schwester nicht sehen. Wir waren stets unzertrennlich gewesen. Sie war die Einzige, der ich mich bedingungslos anvertrauen konnte. Jetzt hatte ich dieses Sicherheitsventil, diesen Rettungsanker verloren. Wann immer möglich, verschwand ich ohne Mutters Wissen und fuhr mit Bus und Zug nach Mannheim. Einfach nur, um bei meiner Schwester zu sein, ihre Nähe zu spüren und mich mit ihr auszutauschen.

*

Obwohl ich im Unterricht längst Fortschritte machte und eine gute Schülerin war, dachte ich damals oft, die Hauptschule sei tatsächlich das Maximum für mich. Ich traute mich nicht, dagegen aufzubegehren.

Nach ungefähr sechs Monaten bekamen wir im Deutschunterricht die Aufgabe, einen Aufsatz zu dem Thema »Das darf doch nicht wahr sein« zu schreiben. Mündlich konnte ich mich zwar bereits auf Deutsch ausdrücken, aber das Schriftliche bereitete mir immer noch große Schwierigkeiten. Die Grammatik der deutschen Sprache verlangte mir einiges ab und ich kam ständig mit den Artikeln »der, die, das« durcheinander. Also half mir Jessica, eine junge Verwandte von Frau Berti.

Es war das erste Mal, dass mich jemand nach meiner Meinung, meiner Sicht der Dinge fragte. Bislang hatten alle stets gesagt, man müsse die Dinge nehmen, wie sie kommen. Man könne nichts ändern. Und so änderte sich natürlich auch nichts. Jetzt hatte ich die Gelegenheit, allen zu sagen, dass ich keineswegs einverstanden war mit dem, was geschehen war. Dass dieser Krieg niemals hätte passieren dürfen. Ich beschloss, über mich und mein Leben zu schreiben; aufzuschreiben, woran ich mich erinnerte: mein Leben im Lager. Den Mord an meinem Vater.

Als die Lehrerin die Arbeiten durchsah, war sie überwältigt von der Heftigkeit meiner Emotionen. Ich bekam die Bestnote, und der Aufsatz machte die Runde im Lehrerkollegium bis zum Schulleiter. Als ich zu einem Gespräch einbestellt wurde, hatte ich erst Sorge, dass ich Ärger bekäme, weil ich Hilfe und Unterstützung beim Verfassen des Aufsatzes erhalten hatte. Deshalb gab ich sofort zu, dass Jessica, meine erste Freundin in Deutschland, mich unterstützt hatte. Doch das war nicht der Grund für das Gespräch. Mein Schicksal und meine Art, darüber zu schreiben, hatten sie alle sehr berührt. Der Schulleiter und die Lehrer wollten mir helfen, so gut wie möglich Deutsch zu lernen, damit ich meine Geschichte möglichst authentisch zu Papier bringen könnte. Sie wollten mehr erfahren über den Krieg in Bosnien, über das, was ich erlebt hatte.

Die Reaktion erstaunte mich. Konnte es wirklich sein, dass sie alle so wenig über den Krieg in meiner Heimat wussten? Sie lebten hier, nur ein paar Autostunden von Bosnien entfernt, und hatten keine Ahnung von unserem Leid?

*

Ich strengte mich an, meine Sprachkenntnisse schnell weiter zu perfektionieren. Doch trotz allem Elan, allem Wollen blieb ich in meinem tiefen Loch gefangen. Ich litt unbewusst unter einer Depression, mir fehlten die Menschen von zu Hause, mir fehlten meine Tiere. Ich fühlte mich ständig schlecht. Dazu steckte ich mitten in der Pubertät, was meinen Gemütszustand noch verschlimmerte. Die Gegebenheiten verhinderten es, in Freundeskreise aufgenommen zu werden. Meine Schulkameraden kannten einander bereits aus Kindergartenzeiten, und in diese Vertrautheit fand ich, das Flüchtlingskind, keinen Zugang. Ich fühlte mich ausgeschlossen. Ich war niemandes »beste Freundin«, war allenfalls geduldet. So lautete ja auch mein Aufenthaltsstatus: geduldet. Eigentlich konnte ich den anderen gar nicht böse sein; vielleicht war ich ja tatsächlich nur eine Freundin auf Zeit.

*

1995 war der Krieg in Bosnien zu Ende – doch wir kehrten nicht zurück, und es war auch nie die Rede davon. Mich ließ der Gedanke nicht los: Dort, in Bosnien, war meine Kindheit geblieben, mein Vater – ich war diesem Land, diesem Ort etwas schuldig, ich wollte Bosnien etwas Gutes tun. Daher bat ich Frau Berti, mir zu helfen. Ich brauchte irgendeine Organisation, über die ich Spenden sammeln und nach Bosnien weiterleiten konnte. So begann meine Zusammenarbeit mit der Stiftung *Schüler Helfen Leben*. Ich ging von Tür zu Tür und forderte die Menschen auf, mitzumachen. Schon bald hatte ich 1600 DM zusammen. Das war für mich ein Riesenerfolg.

Die Hilfsaktion setzte ich fort und weitete sie schlussendlich auf ganz Deutschland aus. Mit Spendengeldern aus meiner Aktion ist es gelungen, den Aufbau einer Blindenschule in Mostar zu unterstützen. Hier sollen Kinder, die im Krieg durch Granaten ihr Augenlicht verloren haben, eine Schulausbildung erhalten. Das war mein erster großer Erfolg im Leben. Ich war nicht mehr das hilflose Mädchen – jetzt konnte ich anderen helfen. Das ist ein unbeschreibliches Gefühl. Es ist so wunderbar, anderen zu helfen. Es hat auch mich selbst glücklich gemacht. Durch dieses Ehrenamt begriff ich, dass ich nur erfolgreich sein kann, wenn ich etwas tue. Um aus einer Krise herauszukommen, braucht es Taten.

*

Der Erfolg ermutigte mich, der Elan gab mir Auftrieb. Doch wenn sich ein junger Vogel zum ersten Mal aufschwingt, denkt er nur ans Fliegen, nicht an die Gefahren. So wird er zur leichten Beute für alle Raubvögel. Ich glaubte, allen Fallstricken des Lebens entkommen zu sein und meinen eigenen Weg gehen zu können. Aber wenn man sein Selbstbewusstsein mit Gewalt aufbauen will, kann es passieren, dass man sehr tief fällt. Zum Ziel gelangt man mit kleinen Schritten. Doch das wusste ich damals noch nicht.

Ich machte den Hauptschulabschluss. Die Berufswahl stand an. Doch ich hatte nicht die gleichen Rechte wie meine Mitschüler, die eifrig diverse Praktika absolvierten. Dem Duldungsstatus gemäß durfte ich einen Ausbildungsplatz nur dann antreten, wenn es keinen deutschen Anwärter darauf gab. Schließlich ergebe es keinen Sinn, wenn ein Flüchtlingskind, das in Kürze abgeschoben werden könnte, einen Platz belege und ihn so einem anderen, sicheren Bewerber wegnehmen würde. Das war vielleicht nachvollziehbar, aber ich fühlte mich erniedrigt und ungerecht behandelt.

Trotz dieser Hürde fand ich einen Ausbildungsplatz als Arzthelferin, weil der Arbeitgeber niemand anderen finden konnte. Meine Freude darüber währte nicht lange; nach kurzer Zeit musste ich die Ausbildung abbrechen, weil mein Arbeitsvisum nicht verlängert wurde und daher die endgültige Abschiebung drohte.

1998 kündigte die deutsche Regierung an, dass alle Bosnienflüchtlinge nach Bosnien zurückkehren müssten. Das war ein schwerer Schock. Ich konnte nicht akzeptieren, dass Deutschland für mich nur ein vorübergehender Zufluchtsort gewesen sein sollte. In Deutschland gab es viele Flüchtlinge aus Bosnien und Herzegowina. Allein in den Neunzigerjahren hat die Bundesrepublik über 350 000 bosnische Flüchtlinge aufgenommen. Dieses Land hat viel für uns getan. Es hat uns ermöglicht, dem Krieg zu entkommen, in Frieden zu leben, eine gute Schulausbildung zu erhalten. Und doch fühlte sich die Ankündigung der Abschiebung wie eine »zweite Vertreibung« an. Ich sagte allen: »Ich will nicht nach Bosnien!« Meine Angstzustände steigerten sich ins Unermessliche. Ich musste einen Weg finden, um mich täglich aufs Neue von dieser Panik zu befreien.

Weil es schwer war, unter deutschen Gleichaltrigen Anschluss oder Freunde zu finden, waren meine Sozialkontakte im Wesentlichen eingeschränkt auf die Gemeinschaft der Muslime aus dem ehemaligen Jugoslawien. Hier lernte ich auch meinen Freund und zukünftigen Mann E. kennen. Er war viel reifer als ich, und es schien mir, als könnte er eine Leitfigur in meinem Leben werden, mir den Weg weisen. Eigentlich war das mein Bedürfnis, weshalb ich etwas in ihn hineinprojizierte, was er gar nicht war. Mein neu gewonnener Glaube an mich selbst, an meine Fähigkeit, richtige Entscheidungen treffen zu können, machte mich unvorsichtig.

Ich stand als junge Erwachsene ohne Ausbildung und Perspektive da. E. war mein Ausweg, meine Rettung und meine Chance, nicht nach Bosnien zurück zu müssen. Obwohl ich weder in ihn verliebt war noch ihn besonders mochte, beschloss ich, ihn zu heiraten. Ich war gerade einmal siebzehneinhalb Jahre alt. Ich wollte seine Frau sein, einfach nur, um der Rückkehr nach Bosnien zu entgehen, dem Krieg zu entkommen, an dessen Ende ich lange Zeit nicht glauben konnte. Die Heirat gab mir die (falsche) Hoffnung, ich könnte mit der Gründung einer eigenen Familie all das kompensieren und heilen, was meiner Familie passiert war. Eigentlich war das alles nur ein riesiges Lügengebäude.

Wir lebten in einer kleinen Mietwohnung. Fortan spielte sich mein Leben innerhalb dieser vier Wände ab. Unser Sohn wurde geboren, und ich verbrachte die ganze Zeit mit ihm allein zu Hause. Ich war jung, fast selbst noch ein Kind, und hatte den starken Wunsch nach einer gelungenen Ehe. Ich glaubte, auf diese Weise all meine seelischen Traumata besiegen zu können. Während ich mit mir selbst kämpfte und mich bemühte, das Kind zu versorgen, war mein Mann unterwegs. Er arbeitete nicht, noch hatte er je die Absicht, dies zu tun. Anstatt sich um Frau und Kind zu kümmern, hatte er Beziehungen zu anderen Frauen. Er hatte nicht dieselbe Vorstellung von einem gemeinsamen Familienleben wie ich. So lebten wir anderthalb Jahre zusammen.

Es war eine schmerzhafte Zeit, aber auch eine Zeit, in der ich gelernt habe, was das Leben einem geben und nehmen kann. Ich war zwar nicht stronggläubig als Muslimin erzogen worden, dennoch erwartete meine Familie von mir, dass ich keine Schande über sie brachte. Das bedeutete: Wenn man eine Ehe eingeht, muss man es dort unter allen Umständen aushalten.

*

Bleiben oder gehen? Ich haderte damit, die richtige Entscheidung zu treffen. Doch letztlich beschloss ich, allein weiterzumachen. Ich brauchte einen Ehemann, einen Freund, einen männlichen Beistand – und E. war nichts von alledem. Schon bald ließ ich mich scheiden. Der emotionale Absturz, den ich durch meine Heirat und wenig später die Scheidung erlebte, war bodenlos. Mit meiner Schwester sprach ich nur noch selten und traf sie auch kaum noch. Mutter war mit zehrender Schichtarbeit beschäftigt, und sie konnte mein Verhalten und meine Entscheidung nicht nachvollziehen. Trotzdem war sie in dieser schweren Zeit für mich da, so gut sie konnte, und half, wann immer es ging. Dafür bin ich bis heute dankbar.

Dank dieser insgesamt unglücklichen und gescheiterten Ehe war ich nun immerhin stolze Besitzerin einer zeitlich befristeten Aufenthaltsbefugnis – und nicht mehr nur geduldet.

8 Mein neues Leben

Und spätestens jetzt war klar: Ich musste mein zerrüttetes Gefühlsleben hinter mir lassen und meine komplette Energie auf die Erziehung meines Sohnes und auf eine Ausbildung, eine eigene berufliche Zukunft richten. Ohne jegliches Einkommen musste ich mich von nun an allein um das Kind kümmern. Und so beschloss ich, zum Arbeitsamt zu gehen. Dort verkündete ich, ich wolle etwas lernen. Glücklicherweise waren aufgrund einer Neuerung im deutschen Bildungssystem nun auch Frauen zur Ausbildung in Autohäusern zugelassen. Da ich schon immer eine Schwäche für Fahrzeuge und Motoren hatte, wollte ich mir diese Herausforderung auf keinen Fall entgehen lassen. Je älter ich wurde, umso deutlicher merkte ich, wie sehr ich nach meinem Vater kam, wie stark meine Begabungen seinen ähnelten. Ich interessierte mich für Mathematik, Fahrzeuge und neue Technologien. Das schien mir aufregend und ich glaubte, mich mein Leben lang damit beschäftigen zu können. Nach einem bestandenen Eignungstest konnte ich mit einundzwanzig Jahren mit meiner Ausbildung zur Automobilkauffrau beginnen.

*

Die Vergütung für meine Ausbildung reichte natürlich nicht für den Lebensunterhalt einer Mutter mit Kind, und so war ich gezwungen, neben meiner Ausbildung in einem Restaurant zu arbeiten. Ich erkundigte mich nach guten Optionen, wie mein Sohn versorgt werden könnte, während ich arbeitete. Ein Au-Pair-Mädchen aus der Slowakei wohnte vier Jahre bei uns und linderte unsere Einsamkeit. Sie passte auf meinen Sohn auf und ich unterstützte sie beim Erlernen der deutschen Sprache. Ein weiteres Mal stellte sich heraus, dass alles Schlimme auch eine gute Seite hat. Diese Belastungen, Arbeit und Ausbildung zugleich, die Sorge um Kind und Zukunft, all das war ein harter Brocken für eine junge Frau wie mich. Ich musste mein Kind betreuen und trotzdem die Ausbildung abschließen, im Restaurant arbeiten und mich um alles kümmern. Doch es galt, irgendwie zu überleben. So eignete ich mir meine Organisationsfähigkeit an und übernahm die Leitung eines komplizierten Großprojekts – meines Lebens. Schnell gewöhnte ich mir an, streng zu mir selbst und diszipliniert zu sein. Ich lernte, durch Arbeit Grenzen zu überwinden. Das erkannten auch meine Lehrer und Ausbilder, die mir halfen, meine Träume zu verwirklichen.

*

Eine besonders wichtige Rolle in meinem Leben spielte der Geschäftsführer des Autohauses, in dem ich meine Ausbildung absolvierte und anschließend bis 2010 beschäftigt war. Er erkannte meine Talente und meinen Ehrgeiz, förderte mich und unterstützte meine berufliche Laufbahn. Dort lernte ich auch Silvia Dolderer kennen, meine erste wirkliche Freundin. Freunde sind es, die einem im Leben das notwendige Gleichgewicht geben. Bei allem, was ich bewältigen musste, hatte ich nun Beistand. Ideen, Liebeskummer, Hoffnungen - all das teilte ich mit Silvia, wie früher mit meiner Schwester.

*

Nach einiger Zeit wechselte ich den Arbeitsplatz und lernte dort Herrn N. kennen. Er sah mir bei Transaktionen zu, bemerkte, wie ich die Fahrzeugreklamationen, den Fahrzeugservice abwickelte, und war begeistert von meiner Arbeit. Mit seiner liebevollen väterlichen Energie überredete er mich schließlich, weiter die Schulbank zu drücken. 2014 schrieb ich mich an der Hochschule ein und studierte dort bis 2017 Betriebswirtschaft mit dem Schwerpunkt Automobilwirtschaft. Zunächst erlebte ich nach diesen sechs Semestern einen herben Rückschlag: In vier von zwölf Fächern war ich durchgefallen. Ich war von mir selbst enttäuscht, aber ich gab nicht auf und bestand schließlich auch diese vier Fächer.

Die Studienjahre waren eine harte Zeit. Von Montag bis Freitag arbeitete ich vierzig Wochenstunden. Jeden Freitagabend und den ganzen Samstag besuchte ich die Hochschule. Es war ein anspruchsvolles Studium; ich belegte Mathematik, Statistik und Materialkunde. Ich lernte nachts und in jeder Mittagspause, denn ich hatte ein Ziel. Ich war überzeugt, dass ich es erreichen konnte, ohne nach dem Preis zu fragen. Ich hatte in meinem Leben ohnehin schon einen viel höheren Preis gezahlt, ohne dass mich jemand gefragt hätte, ob ich das wollte und konnte. Und jetzt war das Ziel konkret: meine Zukunft, mein Glück!

In jener Zeit vernachlässigte ich sogar meinen Sohn. Zum Glück kümmerte sich meine Mutter um ihn. Sie putzte, passte auf das Kind auf und sorgte für gutes bosnisches Essen. Während ich funktionierte wie eine Maschine: Arbeiten, Lernen, Schlafen. Ich hatte kein anderes Leben, keine Freude, keinen Spaß. Meine Aufmerksamkeit galt nur der Schule und der Arbeit. Mir war klar, dass ich auf vieles verzichtete, aber auch, dass ich nur auf diese Weise gewinnen konnte. Ich sagte mir: »Mirsada, das ist bald vorbei, du holst alles nach, mach einfach nur weiter, schau immer nach vorn!«

Endlich hatte ich das Examen in der Tasche. Und dieser Moment glich dem Ende des Tunnels – man weiß, dass man durch den Tunnel muss, denn ansonsten bleibt man im Dunkeln stecken. Wenn man herauskommt, öffnet sich eine Vielzahl an Möglichkeiten. Man muss sich nur einen Weg aussuchen, der ab sofort der eigene ist.

Oft fragte ich mich, wie ich dieses Studium so schnell habe abschließen können. Es war mein innerer Antrieb, der Wunsch und das Streben nach Erfolg. Der Krieg hatte mich kämpfen gelehrt, und es schien, als hätte ich diesen Kampf in die Wirklichkeit meines neuen Lebens übertragen. Meiner Beobachtung nach meisterten viele Menschen, die den Krieg und die Lager überlebt hatten, die üblichen Herausforderungen des Lebens später scheinbar spielerisch. Was aber blieb, waren die psychischen Leiden. Die kann man kaum aus eigener Kraft besiegen. Die Last, die man in Gedanken mit sich herumträgt, die einen erdrückt, ist unbezwingbar. Man kann sie in sich selbst begraben, verdrängen. Doch sie ist da.

Im Jahr 2011 kaufte ich mein erstes Haus, und schon bald danach ein weiteres Baugrundstück. Ich wollte mir wirtschaftliche Sicherheit schaffen, um nicht mehr von Situationen oder Einzelpersonen abhängig zu sein. Ich wollte die völlige Kontrolle über mein Leben haben. Dieses Bedürfnis nach Kontrolle und danach, alles im Griff zu haben, rührte ebenfalls von meinem Trauma her.

Ich blieb noch ein Jahr in dem Autohaus, dann wechselte ich zu einem Zertifizierungsdienstleister nach Stuttgart, wo ich bis heute beschäftigt bin. Zu meinen Aufgaben gehört die Durchführung sogenannter Audits für Unternehmen, die Produkte im Bereich Maschinenbau herstellen, also die Überprüfung, ob Prozesse den vorgeschriebenen Standards entsprechen. Und ich qualifizierte mich zur Auditorin im Qualitätsmanagement weiter.

Auf meinem Weg von der Grundschule bis ins Berufsleben habe ich immer wieder Menschen getroffen, die an mich geglaubt, die mich unterstützt und angespornt haben. Ohne diese Menschen wäre mein Leben mit Sicherheit ganz anders verlaufen, und dafür bin ich unendlich dankbar. Aber letztlich habe ich es selbst geschafft. Und deshalb möchte ich junge Menschen in jedem Fall ermutigen: Gebt euren Traum nie auf!

*

Während meiner Ausbildung war noch etwas Unerwartetes geschehen. Ich verliebte mich, und dieses Gefühl erweckte mich endlich zu neuem Leben, nachdem ich mich im Alltag der Arbeit so verpanzert hatte. Gleichzeitig fürchtete ich mich davor, weil der Mann, in den ich mich verliebt hatte, ein Deutscher war, noch dazu ein Katholik.

Es war eine Zufallsbekanntschaft: Ab und zu besuchte ein junger Mann das Restaurant, in dem ich nebenher arbeitete, schaute mir zu und schien mich für das zu bewundern, was ich dort eifrig tat. Dieser junge Mann sollte später mein Ehemann werden: der wichtigste Mensch meines Erwachsenenlebens, Zentrum und Stütze. Allerdings brauchte ich sehr lange, um seine Einladung zu einer ersten Verabredung anzunehmen.

Damals dachte ich oft über uns nach. Über unsere Unterschiede, über das grundlegend andere Umfeld, in dem wir aufgewachsen waren, eine andere Kultur und eine andere Mentalität. Ob das wohl funktionieren würde?

Der Krieg in Bosnien war erst acht Jahre her. Meine Liebsten fragten mich, ob ich mir bewusst war, was ich da tat. Ob ich tatsächlich glaubte, mit einem Katholiken glücklich zusammenleben zu können. »Was sollen denn deine Familie und unsere Nachbarn sagen?!« – »Dein Vater ist im Namen des Kreuzes getötet worden!« Aufgrund des brutalen Todes meines Vaters wurde in unserer Familie nicht zwischen katholischen und orthodoxen Menschen differenziert. Eine Verbindung sollten wir nur zu Muslimen, keineswegs zu Christen eingehen. Es gehört sich, einen Mann unseres Glaubens zu finden, meinte meine Mutter. Doch die Schmetterlinge in meinem Bauch schienen etwas anderes zu sagen.

Wenn es um mein Leben geht, dann will ich selbst entscheiden. Diese Entscheidung aber machte mir Angst. Welchen Preis müsste ich dafür zahlen, wenn ich mich für einen Mann mit einer anderen Religion entschied? Ich versuchte, mich in meinen Vater hineinzudenken, was hätte er mir geraten? Er hatte so viele Freunde diverser Religionen gehabt. Wahrscheinlich wäre es ihm wichtiger gewesen, ich würde die Kraft haben, um seine Ideale der Gerechtigkeit und Solidarität weiter in die Welt zu tragen. Ich entschied mich, dem Krieg in dieser Angelegenheit keine Macht zu geben. Ich begann auch, zu verzeihen, was mir im Leben widerfahren war. Es sind doch niemals alle Menschen gleich, bloß weil sie einer bestimmten Religion angehören.

All meine Auffassungen über das Leben, die Art, wie ich jemanden als Freund in mein Herz schloss, waren unabhängig von religiöser oder ethnischer Zugehörigkeit. Mich interessierte nicht, welchen Glauben die Menschen um mich herum praktizierten. Doch ich wusste, dass meine eigene Familie sich dafür durchaus interessierte. Wie sollte ich ihnen also beibringen, dass ich in einen Mann anderen Glaubens und anderer Nationalität verliebt war? *Ich* war damit im Reinen. Aber *sie*?

Ich war mir bewusst, dass die Wahl meines Ehemanns in meiner Verantwortung lag, dass ich meiner Familie aber gewisse Antworten schuldig war: Wie sollten unterschiedliche Weltanschauungen – die christliche und die islamische – parallel in einer Familie existieren?

*

Und dann fiel mir eine Geschichte ein, mit der wir aufgewachsen waren. In meinem Heimatort Kozarac lebte einmal vor langer Zeit ein junger Mann namens Mehmed Kulašić. Er war Waldarbeiter, doch aus irgendeinem Grund hatte man ihn aus dem großen Sägewerk verjagt, das zu Zeiten der Habsburgermonarchie hier erbaut worden war.

Man dachte sich die abenteuerlichsten Geschichten über den Grund seiner Vertreibung aus, doch er schwieg, hütete sein Geheimnis. Oft spielte er an belebten Orten auf seinem Akkordeon. Er hatte eine wunderbare Stimme und war sehr fingerfertig mit dem Instrument, weshalb die Menschen ihm gerne zuhörten. Er spielte und sang nur traurige Lieder, *Sevdalinke*. Mehmed war oft das Hauptthema der Dorfgespräche.

Wir Kinder, die wir am Fuße der Kozara aufwuchsen, kannten diese Erzählung: Mehmed habe etwa um 1890 begonnen, im großen Sägewerk zu arbeiten, das von Karl Schmutzer, einem österreichischen Industriellen, 1883 erbaut und in Betrieb genommen worden war. Im Jahre 1882 hatte ein großer Brand Prijedor heimgesucht, dem über 400 Wohnhäuser zum Opfer gefallen waren. Den Obdachlosen mussten neue Heime geschaffen werden; das im Sägewerk, dem ersten industriellen Objekt im Umkreis von Kozarac und Prijedor, verarbeitete Holz sollte primär zum Bau dieser Wohnhäuser verwendet werden.

Schmutzer, der Industrielle, zog also mit seiner Familie von Österreich nach Bosnien. Er hatte zwei Söhne und eine Tochter, Maria. Mehmed war jung, gut aussehend und besaß die Fähigkeit, Menschen zu unterhalten. So kam es, dass Schmutzers Tochter Maria schon bald ein Auge auf ihn geworfen hatte. Doch vieles stand ihrer Liebe im Weg, vor allem die Tatsache, dass sie unterschiedlichen Glaubens waren. Zu jener Zeit war das ein tatsächlich unüberbrückbares Hindernis. Sie wären beide verflucht worden, hätte man ihre Liebe bemerkt. Darüber hinaus stand zwischen ihnen die Klassenbarriere – Maria war die Tochter eines reichen Fabrikbesitzers, Mehmed ein armer Arbeiter, zudem in der Fabrik ihres Vaters beschäftigt. Alles, aber auch wirklich alles sprach gegen diese Beziehung.

Die Überlieferung besagt, dass zwischen Maria Schmutzer und Mehmed Kulašić eine nie gekannte Liebe entbrannte, eine verbotene Liebe. Angeblich entstammte dieser Liebe sogar ein Kind, das Maria sich nie zu zeigen traute. Später wurde ein winziges Kindergrab gefunden, mit einem Kinderleichnam, in Zeitungen gewickelt. Niemand weiß, ob es tot geboren oder nach der Geburt getötet und dann vergraben worden war. Karl Schmutzer brachte seine Familie zurück nach Österreich. Mehmed entließ er aus der Fabrik. Die tragische Liebesbeziehung der jungen Menschen wurde zur Legende.

Einige Jahre darauf ließ Karl Schmutzer, vom schlechten Gewissen geplagt, an der Stelle, wo das Baby begraben lag, eine kleine Kapelle erbauen, aus der später eine Kirche entstand. Das Volk nannte sie Mehmed-Kirche, und diesen Namen trägt sie bis heute, auch wenn sie offiziell Kirche der seligen Jungfrau Maria heißt.

An jenem Tag, als wir zu Kriegsbeginn in Panik unser Haus verließen und unter Beschuss in die Kozara-Berge flohen, fanden wir Unterschlupf unweit der Mehmed-Kirche. Schon bald wurde sie von serbischen Soldaten niedergebrannt. Noch Jahre später war sie eine Ruine. Genau zu der Zeit aber, als mir in Deutschland die Liebe meines Lebens begegnete, wurde die Kirche wiederaufgebaut. Ich sah all das als ein Zeichen an, als eine Aufgabe, vielleicht auch eine Verpflichtung.

*

Das Leben hatte mich und meinen Freund zu einem wunderbaren Liebespaar zusammengefügt, gleich jenem, welches Mehmed und Maria hätten gewesen sein können. Diese größte je im Umland der Kozara bekannte Liebe war unglücklich, ja tragisch verlaufen, nur weil die gesellschaftlichen Normen so rigide und steif waren und nicht gebrochen werden durften. Weil die Gesellschaft keine Toleranz gegenüber Beziehungen zwischen jungen Menschen verschiedener Religionen oder Klassen aufbringen konnte. Die Liebe wurde erstickt, und ein kleines Leben vernichtet. Heute, hundert Jahre später, leben wir im multiethnischen, multikulturellen, toleranten Deutschland.

Als mir diese Geschichte wieder einfiel, verspürte ich ein Glücksgefühl bei dem Gedanken, mein Freund und ich könnten diese verhinderte Liebe nun gleichsam fortsetzen. Ich schwor mir, bei meinem nächsten Besuch in Bosnien auch die Mehmed-Kirche zu besuchen. Ich war mir sicher, dass nichts ohne Grund passierte. Dass es auch kein Zufall war, dass ich 1992 an genau jener Stelle Zuflucht gefunden hatte. Von dort aus hatte die Liebe ihren Lauf genommen. Ja, ich habe allen Grund, glücklich zu sein, da ich die Liebe gefunden habe. Aller Schmerz und alles Leid, das der Krieg mir zugefügt hat, würde am Ende durch die Liebe verwandelt.

*

Der Mann, für den ich mich entschied, erwies sich als die große Liebe meines Lebens. Wir heirateten im Jahr 2008 und erzogen unseren Sohn trotz aller Widerstände zu einem religionsfreien Menschen. Wir alle lernten, dass Religion nicht den Menschen ausmacht. Jeder von uns blieb seiner Religion treu, aber wir respektieren unsere Bräuche und räumen uns gegenseitig jegliche Freiheit ein.

Mein Mann und ich waren – und sind – völlig verschieden, wie Feuer und Wasser. Oft lachen wir und sagen uns im Spaß, unsere einzige Gemeinsamkeit sei, dass wir beide im Monat Dezember geboren sind. Auch unsere Familien waren völlig verschieden. Meine Familie kam aus einem bosnischen Dorf, wir hatten unsere Bräuche und Traditionen, und ein Großteil unserer Aktivitäten spielte sich in Gemeinschaft ab, in der Familie, mit Freunden, Nachbarn und Verwandten. Seine Familie bestand aus starken Individualisten, deren Erfolge im Leben wenig oder gar nichts mit der erweiterten Familie oder Gemeinschaft zu tun hatten. Sein Vater war Universitätsprofessor, sein Onkel besaß große Firmen. Ich fand es interessant, dass in seiner Familie fast nie zu Hause gegessen wurde. Er hingegen war fasziniert davon, dass bei uns zu Hause immer zusammen gekocht und gegessen wurde. Er mochte die familiäre Wärme und das einfache Leben, die unmittelbare Kommunikation. Und trotz anfänglicher Bedenken nahm meine ganze Familie meinen deutschen Ehemann dann doch herzlich auf und verurteilte ihn nicht für seine Nationalität oder Religion.

Wir vereinten zwei Welten in einer. Wir erschufen aus unserer Verschiedenheit eine neue Stärke, denn wir hatten ein adäquates Konzept – unsere Liebe. Mein neuer Partner war in Deutschland geboren und an das Zusammenleben in Toleranz gewohnt. Deutschland hatte in den Jahrzehnten nach dem Zweiten Weltkrieg einen multikulturellen Geist entwickelt, in dem sich die deutsche Kultur als Konstante bewährt hatte. Hier werkelte man an der Gesellschaft des 21. Jahrhunderts, die ein ethnisches, religiöses und kulturelles Konglomerat sein würde. Mein Partner hat das nie besonders betont, doch er lebte in einer Gesellschaft, die Verschiedenheit anerkannte, so war er erzogen und so dachte er. Für ihn war alles in Ordnung, was für uns beide akzeptabel war. Nur das war wichtig. Nicht etwa, was die anderen dachten. Noch nie hat mich jemand so gut verstanden wie er und mich so akzeptiert, wie ich eben bin.

*

Oft werde ich von Bekannten gefragt, wie es denn in Bosnien zu dieser Katastrophe, zu einem derartigen ethnischen und religiösen Hass kommen konnte. Ich sagte ihnen, Bosnien sei eigentlich ein Musterbeispiel für Zusammenleben und Toleranz. Ich bin in einer muslimischen Familie groß geworden, in der Religion und Tradition relativ streng geachtet wurden. Meine Großmutter betete regelmäßig, und so bauten auch wir eine bestimmte religiöse Identität auf. Vater hatte sein traditionell bosnisches Zimmer mit Teppichen, Feuerschalen, orientalischen Bodenkissen eingerichtet. Dort verbrachte er gerne seine Zeit und empfing Gäste verschiedener ethnischer Zugehörigkeit. Unsere nächsten Nachbarn waren orthodoxe Galizier, die ursprünglich aus der Ukraine stammten, und Serben. Wir waren es gewohnt, friedlich nebeneinander zu leben und unsere Traditionen mit den anderen zu teilen. Bosnien war seit jeher ein bunt zusammengewürfeltes multiethnisches Land.

Kozarac war ein Symbol des antifaschistischen Kampfes. Direkt oberhalb des Orts erhob sich das Kozara-Gebirge, in dem im Zweiten Weltkrieg die Angehörigen der multiethnischen Volksbefreiungsarmee Jugoslawiens die Nazis und die Kollaborateure besiegt hatten. Diese Historie prägte die ganze Gegend, weshalb auch unsere Erziehung das Zugehörigkeitsgefühl zu einer Weltgemeinschaft der Völker, Religionen und Kulturen implizierte. Auf dieser Grundlage konnten wir uns in die deutsche Gesellschaft integrieren.

1992 hatte ich als Bosniakin und Muslimin im Balkankrieg viel Hass, Intoleranz und Ignoranz erlebt. Und ich brauchte sehr lange, um zu begreifen, dass Menschen sich nicht etwa hassten, weil sie verschiedenen Religionen oder Nationen angehörten, sondern dass es überall auf der Welt Menschen gab, die andere hassten. Diese Menschen erwarteten dann von allen Angehörigen ihres Volkes, dass sie die anderen genauso hassten wie sie selbst. Wir waren zum Opfer solcher Menschen geworden, die den Krieg angezettelt und aufgeheizt hatten, die die ethnischen Säuberungen, die Angriffe auf unser Land verantworten, die den unerbittlichen Hass produzierten. Eine Reihe bösartiger Menschen, ihre nationalistische Ideologie und eine zunehmend aggressive Politik der politischen Führung in Belgrad, unterstützt durch die Jugoslawische Volksarmee, hatten zu Massenvernichtung, der

Gründung von Konzentrationslagern und der Zerschlagung jedweder Freundschaftsbande zwischen den Völkern in Bosnien geführt.

Es waren nicht die Völker, die sich hassten; der Hass wurde von den ideologischen Brutstätten unter dem Volk gesät. Als die Menschen auf einmal um ihr Leben bangen mussten und plötzlich die Angehörigen des jeweils anderen Volkes dafür verantwortlich gemacht wurden, begann der Hass sich auszubreiten. Doch er konnte Bosnien nie ganz durchdringen. Bis heute beherrscht er das Land nicht vollständig, aber leider befinden sich auf den einflussreichen politischen Positionen immer noch nationalistisch gesinnte Machthaber, die diesen Hass befeuern, da er ihnen Gelegenheit gibt, über das Land und das Volk zu herrschen. In Serbien und in einem serbischen Teil Bosniens, aus dem mein Volk vertrieben wurde, leugnen die offizielle Regierung und die Medien bis heute sämtliche Verbrechen. Sie leugnen, dass es in Prijedor Lager gegeben hat. Sie leugnen die Massaker in Prijedor. Sie leugnen meine Erfahrung. Ich wünschte, sie hätten Recht, ich wünschte, es hätte die Lager nie gegeben.

In einigen Landesteilen ist das ideologische Muster der Intoleranz und der unverhohlenen Segregation nach Volksgruppen in den Institutionen verankert, weshalb der Hass anderen gegenüber als Schlüsselkonzept für das Funktionieren des Systems dargestellt wird.

*

Doch ich wählte einen Weg, der das Gegenteil von Hass und Stereotypen bedeutete. Ich hatte beschlossen, große Träume zu träumen und zu verwirklichen. Dies ist nicht möglich, wenn man durch Hass oder Vorurteile eingeschränkt ist. Die

Freundschaften mit Menschen anderer Ethnien und Herkunft haben mir gezeigt, dass wir Menschen unserem Wesen nach eigentlich alle gleich sind. Und dass es nicht wichtig ist, woher man kommt, welcher Religion man angehört oder welchen Pass man besitzt. Der Landstrich, in dem ein Mensch geboren wird, aufwächst und lebt, prägt vielleicht die Mentalität. Doch die Schlüsselfragen unserer Existenz, unsere Wahrnehmungen und Beziehungen zu anderen Menschen sind die gleichen, wo immer wir auch herkommen. Befragungen unter den Nachkriegsgenerationen in Bosnien zeigen, dass weder die kroatischen Bosnier oder die serbischen Bosnier noch die muslimischen Bosniaken eine Trennung von Bosnien und Herzegowina wollen. Wir alle wünschen uns Frieden, Zusammenhalt und eine gute wirtschaftliche Lage in einem funktionierenden politischen System ohne Nationalismus.

Mit meinem Buch wollte ich mir selbst und auch der Öffentlichkeit diese Wahrheit sagen: An uns wurden – nur weil wir Moslems, Bosniaken waren – furchtbare Verbrechen verübt. Ich möchte aber auch junge Menschen ansprechen: Träumt große Träume und macht die Welt zu einem Ort für ein schöneres Leben, mit Respekt für die, die sich von euch unterscheiden.

*

Ich bin überzeugt, dass Vater mir zuschaut, von irgendwoher, dass er mich all diese Jahre auf Schritt und Tritt begleitet hat. Und ich hoffe, dass er stolz auf mich ist.

Wir haben es geschafft! Meine Mutter hat zwei Mädchen allein großgezogen, eine damals fast schon erwachsen, die andere in der Pubertät; all das in der Fremde, weit weg von zu Hause. Meine Schwester hat einen Mann gefunden, mit dem sie eine harmonische Ehe führt, und ihre eigene Familie gegründet. Es ist ihr gelungen, ihr Leben ein wenig schöner zu machen. Ich habe meine Pläne verwirklicht. Eine Familie gegründet und meine beruflichen Ziele erreicht. Der Weg war schwer. Ich habe mich bemüht, diszipliniert und fleißig, geradezu perfekt ›deutsch‹ zu sein. Und ich wollte frei sein – mich nie wieder von jemandem einsperren lassen. Das war meine Vision. Ich wollte mein eigenes Geld verdienen, um von niemandem abhängig zu sein. Als wir unseren Vater verloren, bedauerten uns alle. Ich wollte aber nicht bedauert werden. Deshalb lernte ich, strengte mich an und erzielte Erfolge.

Meine Verwandten erfuhren an ihrem eigenen Leib Gewalt, den Verlust von Familienmitgliedern, den Verlust der Heimat. Manchmal frage ich mich, woher sie die Kraft nahmen, nach dem Krieg in der neuen Heimat so fleißig und hart zu arbeiten. Ich nenne sie gern ›Wirtschaftswunder‹. Aber harte Arbeit ist auch eine Art Traumabewältigung. Das bedeutet Mut. Ich bin überaus stolz auf meine ganze Familie Kahrimanović.

9 *Traumabewältigung*

Vater kam nicht zur Kozara, wie er eigentlich versprochen hatte, obwohl ich glaubte, er würde jeden Moment auftauchen, plötzlich aus seinem Wald herauskommen. Ich wartete darauf, dass er kommen und mir über den Kopf streichen würde, während ich mich schlafend stellte. Dass er mich auf den Hinterkopf küssen und sagen würde: »Schlaf, mein Kindchen, und sorg dich nicht – ich bin an deiner Seite!«

Und dann würde ich auf einmal aufspringen … wie um ihn zu erschrecken … und ihn umarmen. Und er würde scherzhaft sagen: »Ich kriege keine Luft, ich kriege keine Luft, umarme mich fester!« Und ich würde ihn noch fester umarmen.

Doch Vater kam nicht zurück!!!

Es verging kein Tag nach diesem Mai 1992, an dem ich nicht an ihn gedacht hätte. Tag für Tag brachte ich all meine Aktivitäten und Pläne in Einklang mit meinen Möglichkeiten und dem Gedanken, dass er glücklich wäre, wenn ich so verfahren würde. Ich dachte öfter an ihn als an mich selbst. Ich bin überzeugt, dass er mir zuschaut, von irgendwoher, all diese Jahre, auf Schritt und Tritt.

Der entscheidende Antrieb für mich war genau dieser Einfluss, den im Verlauf der Zeit seine Anwesenheit oder vielmehr Abwesenheit in meinem Leben hatte. Eigentlich bewirkte seine Abwesenheit, dass seine Anwesenheit noch viel größer war, als wenn er Tag für Tag physisch anwesend gewesen wäre. Oft dachte ich genau daran, wenn ich andere Kinder sah, die Eltern hatten, aber nicht so begeistert von deren Nähe waren, dass mein Vater in meinem Leben so vielleicht viel anwesender war, als wenn er am Leben geblieben wäre.

Bisweilen führten dieser Mangel und diese übergroße Liebe bei mir zu einer gewissen Besorgnis: Ich fragte mich, ob ich wohl mein eigenes oder eher sein Leben lebte. Dann, in langen Nächten, während ich Tränen um ihn vergoss, lag ich schließlich schluchzend da und warf mir vor, egoistisch zu sein. Ich sagte zu mir selbst: »Mirsada, warum lässt du deinen Vater nicht in Frieden gehen – dort hin, in sein ewiges Leben. Warum denkst du nur an dich selbst und an deinen eigenen Verlust. Auch er hat alles verloren. Uns alle. Er braucht seinen Frieden noch mehr als wir.«

*

Jahrelang suchte mich dieser Albtraum heim. Als würde jemand dieselbe Filmrolle abspulen, immer wieder. Ich sehe mich selbst, wie ich in roten, hochhackigen Schuhen aus meinem Heimatdorf Kozaruša auf die Kozara renne und meinen Vater suche. Von allen Seiten Kugelhagel, doch ich renne. Und ich frage mich: Wie soll ich es überhaupt jemals schaffen, in diesen Schuhen zu fliehen?

Und der Film reißt immer an derselben Stelle. Immer.

Einige Jahre nach meiner Ankunft in Deutschland, als ich dachte, die Kriegsbilder würden mit der Zeit verblassen und mich in Frieden lassen, kehrte dieser Traum wieder zu mir zurück. Immer öfter.

Ich stand schon mitten im Leben mit meinen 37 Jahren. Ich hatte es endlich geschafft, meinen lang ersehnten Traum zu verwirklichen: ein Studium abzuschließen. Die anderen dachten, ich führte ein erfolgreiches und ruhiges Leben, aber die Nacht brachte Albträume, und ein Albtraum erschöpft den Menschen, nimmt ihm die Energie und macht ihn unfähig, ein normales, gewöhnliches Leben zu führen.

Wie viele andere Flüchtlinge, die in Deutschland Frieden und ein Dach über dem Kopf gefunden haben, hatte ich die Möglichkeit, regelmäßig psychologische Hilfe in Anspruch zu nehmen, doch ich lehnte sie ab, war der Meinung, ich hätte das nicht nötig. Ich dachte, nötig sei nur, dass wir überleben, etwas zu essen haben, ein Bett und etwas zum Anziehen. Mir war wichtig, dass mich niemand misshandelte, vergewaltigte und dass ich im Warmen war.

*

Wenn ich aus meinem Albtraum aufwachte, versuchte ich, mich selbst zu beruhigen und wiederholte immer wieder die gleichen Worte.

»Mirsada! Du bist hier, du bist sicher! Du bist nicht mehr im Krieg!« Sofort stand ich auf und schaute nach meinem Sohn, der in seinem Kinderzimmer ruhig schlief. »Er atmet und lebt und es geht ihm gut! Entspann dich, Mirsada«, befahl ich mir selbst. Ich hasste mich dafür, dass ich ständig in Panik und Angst um meine Familie und Freunde war. Für sie selbst war es kaum zu ertragen, mich in diesem Zustand zu sehen.

Meine Träume fühlten sich so real an. Nach jedem Albtraum versteifte sich mein Körper. Ich hörte Stimmen von draußen. Ich spürte Berührungen. War mir all dessen bewusst, was geschah, doch ich konnte mich nicht bewegen.

An einem Märztag im Jahr 2009 hatte ich mir freigenommen, um meinen Sohn von der Schule abzuholen. Als ich gerade losfahren wollte, bemerkte ich viele Hubschrauber am Himmel und Polizeistreifen auf der Straße. Meine Mutter rief an, völlig außer sich. In so einem Zustand hatte ich sie seit dem Sommer 1992 nicht erlebt.

»Mama, was ist denn los?«

»Mirsada, in Winnenden, gar nicht weit von uns, ist ein bewaffneter junger Mann unterwegs und schießt! Ein Amoklauf! Der Täter soll auf der Flucht sein!«

Ich brauchte weder eine Bestätigung dieser Information noch Nachrichten von der Schule, absolut gar nichts. Mein Körper versperrte sich wie ein Sicherheitsschloss. Ich wurde auf der Stelle starr, ohne jegliche Kraft oder Fähigkeit, aus diesem Kreislauf herauszukommen, mich daraus zu befreien.

Meine Mutter beruhigte mich kurz darauf, mit meinem Sohn sei alles in Ordnung, niemandem in seiner Schule sei irgendetwas zuleide getan worden. Die deutsche Polizei hatte schnell reagiert, und der Amokläufer hatte sich kurz vor der Festnahme selbst erschossen. Doch mein Bewusstsein ließ mich nach wie vor bewegungs- und handlungsunfähig zurück. Das Syndrom, das ich im Lager erworben hatte, aktivierte sich.

Später redete ich mit meiner Mutter darüber.

»Mirsada, warum passiert sowas mit dir – vielleicht wäre es besser, einen Arzt aufzusuchen?!«, sagte sie.

Wann immer ich hilflos bin und das Leben meiner Liebsten in Gefahr ist, erstarre ich. Ich kann das nicht erklären, aber das ist meine Art der Flucht.

*

Ich offenbarte meiner Mutter, dass mir das bereits mehrmals seit dem Lager passiert war. Dass ich einen Mechanismus entwickelt hatte, vielen Tieren in der Natur ähnlich, die sich durch ihre Starre vor Angreifern und Gefahren schützen. Sobald eine Situation ausweglos und gefährlich erscheint, erstarre ich. Meine Hände und Zehen werden blau. Eine völlige Lähmung der Beine tritt ein und meine Zunge schwillt so stark an, dass ich nicht mehr imstande bin, ein Wort herauszubringen.

Meine Mutter sah mich verzweifelt und ratlos an. Ich sah in ihr diese Liebe, diese Kraft und das Bedürfnis, mich zu beschützen.

Seit der Flucht aus Trnopolje trug ich diese Lebensgeschichte, diese Lagererfahrung irgendwo tief in meinem Körper und meiner Seele verborgen mit mir herum. Ich war überzeugt, dass dieser Schmerz vergraben werden musste, damit er nicht wiederkehrte und zum Dämon wurde. Macht über mich, mein Leben, aber auch das Leben meiner Mitmenschen bekam.

*

Damals wusste ich nicht, wie empfindlich die menschliche Psyche ist und dass man sich um sie genauso kümmern muss wie um den Körper. Sogar noch mehr. Der Krieg ist nicht nur das, was geschieht, wenn Armeen aufeinander schießen. Krieg geht weiter, in den Menschen, die ihres Schlafs und ihrer Träume beraubt werden, die keine Ruhe mehr finden und nicht wissen, wie sie ihr Leben mit der Erfahrung in Einklang bringen sollen, solchen Schmerz durchlitten zu haben.

Ich habe eine Psychologin gefragt, ob sie in der Lage sei, das Trauma auszulöschen, als ob es nie geschehen wäre. Sie sagte, das ginge nicht. Was sollte ich denn dann beim Psychologen, wenn er mein Trauma nicht ungeschehen machen konnte? Das war meine Sichtweise des Lebens und des Problems, das ich hatte. Darüber hinaus vertraute ich niemandem. Mein Vertrauen zu den Mitmenschen wurde durch meine Traumata zerstört.

Die Zeit verstrich, und ich trug meinen inneren Kampf mit mir herum und beobachtete ihn mit Unverständnis. Ich brauchte mehr Kraft und Unterstützung, um all das zu verstehen. Es waren schließlich Freunde, die mich volle 25 Jahre nach der Vertreibung überredeten, eine Therapie zu machen, um zu überleben und ein stabiles Leben führen zu können. All die Jahre hatte der Krieg mich gefangen gehalten. Und ich hatte keine Ahnung, wie ich mich daraus befreien sollte.

Schließlich beschloss ich, in eine Klinik zu gehen. Ich ließ mir einen Termin bei einem renommierten Arzt geben, der dafür bekannt war, dass er sich mit Vietnamflüchtlingen befasst hatte. Er hatte auch Studien dazu veröffentlicht. In den letzten Jahren hatte er sich mit dem Balkan beschäftigt, dieser dauerhaft offenen Wunde, dem Gebiet, von wo die Leute aus Familien kamen, die über die letzten hundert Jahre Krieg, Verlust und Traumata durchlitten hatten. Was die Kontinuität des Traumas angeht, verstehen wir vom Balkan uns alle sehr gut, selbst wenn wir uns nicht mögen.

Ich träume immer denselben Traum. Ich will ihn abschließen, ich will, dass etwas passiert in diesem Traum, dass es sich klärt oder dass ich aufhöre, ihn zu träumen. Nur das will ich!

Der Arzt schaute mich an und sagte selbstbewusst: »Gut, das gehen wir gemeinsam an. Du bist stark und weißt, was du willst. Doch du wirst ein paar Wochen hierbleiben und mit uns zusammenarbeiten müssen.« – »Ein paar Wochen?! Keine

Chance!«, wehrte ich ab. Ich konnte es nicht akzeptieren, wochenlang dort zu bleiben. Bis dahin war ich mir stets wichtig und wertvoll vorgekommen, immer dann, wenn ich aktiv und fleißig bei der Arbeit war, wenn ich besondere Ergebnisse erzielte. Wie sollte ich denn dann wochenlang in einer Klinik bleiben – ich würde ja meine Arbeit verlieren.

Während des Gesprächs, in dem ich noch gegen mich selbst kämpfte, traf ich dann die Entscheidung. Ich wusste, was mein Ziel war: Ruhe und Frieden, Ruhe, nichts als Ruhe! Und so blieb ich dort. Die ersten Tage in der Klinik waren katastrophal für mich. Immer wenn die Ärzte und die Krankenpfleger versuchten, die Kliniktür abzuschließen, überkam mich die Panik und ich schrie. »Nein, mich wird niemand mehr einschließen, nicht nach dem Lager, nie mehr! Ich lasse mich hier nicht einsperren!«

Sie beruhigten mich und redeten auf mich ein, dass sie wegen der anderen Patienten die Tür abschließen müssten und wegen der Gefahren, die von draußen lauerten. Doch ich ließ mich nicht darauf ein. Ich machte eine ultimative Ansage, dass ich die Klinik sofort verlassen würde, sollte man die Tür absperren. »In Ordnung, Mirsada, wir schließen nicht ab, aber du wirst die Einzige sein, die das weiß. Alle anderen Patienten sind überzeugt, diese Tür ist abgeschlossen.«

Die Behandlung bestand zuerst aus den typischen langen Gesprächen. Sie wollten hören, was an jenen Maitagen geschehen war und wie ich mich fühlte, was für Zustände ich durchlebte. Ich wiederholte die Geschichte tagein, tagaus, bis ich schließlich dem Arzt mitteilte, ich könne einfach nicht mehr, die Behandlung würde mich erschöpfen. Dann stellte ich ihm eine Frage: »Können sie mir garantieren, dass es mir besser gehen wird, wenn ich täglich diese Geschichte wiederhole?!« Er hielt inne und schüttelte entschlossen den Kopf, was Nein bedeutete.

Bevor ich mich selbst heilte, schüttelten mich starke Emotionen jedes Mal, wenn ich redete. In diesen Momenten spürte ich meinen Körper nicht. Dieser emotionale Kollaps verwandelte sich in meine Fähigkeit, vielmehr in eine Fähigkeit meines Körpers, das Blut in meinen Venen und Adern stocken zu lassen. Meine Finger wurden blau und ich selbst steif und bleich. Um solche Zustände zu bezwingen: Anfälle, die mich für Momente völlig lahmlegten und unfähig zu jeglichen Lebenszeichen machten, musste ich mich ihnen während der Therapie bewusst stellen. Aber jetzt war die Frage: Wie sollte ich das tun? Wie sollte ich mich selbst besiegen?

Man musste erst einmal vom eigenen Zustand ausgehen und sich selbst klarmachen, dass es auch andere Arten des Widerstands und der Schmerzbezwingung gab, nicht nur steif werden und das Blut am Fließen hindern; halb tot zu sein!

Dann fragte ich den Psychotherapeuten erneut: »Schaffen Sie es, durch die ständige Wiederholung immer gleicher Dinge mein Trauma zu mildern?« Er schüttelte den Kopf und erwiderte: »Ich bin mir nicht sicher.«

»Aber ich bin ja nicht hier, damit Sie Ihren Spaß haben!«, sagte ich wütend, als mir klar wurde, dass die Therapie keinen Effekt haben würde.

Ich verlangte, auf der Stelle entlassen zu werden, doch sie baten mich um etwas mehr Geduld.

»Ich gebe Ihnen noch 24 Stunden, dann bin ich weg!«

Offenbar war ihnen daran gelegen, mir zu helfen. Aufgewühlt wartete ich, bis die 24 Stunden vorbei waren, um mich auf den Heimweg zu machen, überzeugt, dass diese Fachleute eine Lösung haben mussten, um mein Trauma wie jede andere Krankheit heilen zu können. Doch das war unmöglich.

Die Ärzte beschlossen, es mit einer neuen Therapieform zu versuchen: der EMDR-Methode, was eine Abkürzung für *Eye Movement Desensitization and Reprocessing* ist. Eigentlich arbeiteten sie an der Desensibilisierung durch Augenbewegungen. Man begibt sich in Gedanken und Gefühlen zurück in die Situation der Traumaerfahrung und folgt dabei mit den Augen den Handbewegungen des Therapeuten. So soll ein Prozess der Verarbeitung in Gang kommen.

Während wir uns unterhielten, sagte ich ihnen, ich wüsste, was das Mittel gegen diesen Zustand war. Sie schauten mich komisch an, doch ich sagte, ich müsse mich bewegen, denn auf diese Weise würde ich meinen Körper daran hindern, sich zu verkrampfen. Sie willigten in meinen Vorschlag ein, unter der Voraussetzung, dass sie unmittelbar nach dem Laufen eine zusätzliche Therapie durchführen könnten. Ich machte weiter mit dem Laufen, da ich sicher war, dass das meinem Körper und meinem Geist half.

Deshalb kann ich mein Laufen als eine Art verrückte Forrest-Gump-Therapie bezeichnen. Ich stellte fest, dass, während ich regelmäßig lief und dabei die EMDR-Methode anwandte, ich eine Art Selbsttherapie entwickelte, die ich zu jeder Zeit abrufen konnte. Beim Laufen kamen mir Bilder aus dem Krieg in den Kopf, möglicherweise genau die Erinnerungen, die mich im Traum der Nacht verfolgt hatten. Ich versuchte, die traumatischen Ereignisse zu ordnen nach schlimm, schlimmer, am schlimmsten. Während des Laufens fokussierte ich meine Augen auf den vor mir liegenden Waldweg und stellte mir zwei gleichmäßige Linien im Blickfeld vor mir vor, die an meinem Körper rechts und links vorbeilaufen. Während ich mir die Kriegsbilder vergegenwärtigte, legte ich sie gleichsam auf diesen Linien ab und ließ sie an mir vorbeiziehen, um mich gedanklich von ihnen zu befreien und Abstand zu gewinnen. So wirkte meine Forrest-Gump-Therapie tatsächlich auf die neuronalen Bahnen im Gehirn. So konnte ich zu einer neuen Einstellung kommen: »Es ist vorbei und ich habe es überlebt!«

Mit dieser Methode konnte ich mich selbst von den Traumata befreien und wende sie bis heute bei neuen Albträumen an.

Wenn ich den Therapeuten von meinen Kriegserlebnissen berichtete, konnte ich in ihren Gesichtern eine Verkrampfung erkennen. Sie konnten nicht glauben, dass Menschen anderen Menschen derart Böses antun konnten, wie das in Trnopolje und in Bosnien geschehen war.

Mein Albtraum von dem Mädchen in den roten High Heels kehrte nach der Forest-Gump-Therapie nie wieder zurück. Viele andere unbearbeitete Bilder blieben allerdings. Ob sie jemals ausgelöscht werden können?

*

Mit der Zeit, je mehr Wissen ich mir über die Psyche aneignete und je stärker meine Emotionen wurden, wurde mir bewusst, dass dieser Schmerz, den ich in mir trug, genau dann zur Gefahr zu werden drohte, wenn er in mir vergraben blieb. Ich begann, ihn als eitrige Wunde unter der Haut zu begreifen. So sehr man sich auch bemühte, diese Wunde oberflächlich zu heilen, während die Entzündung und der ganze Eiter noch in der Tiefe blieben: Dies würde immer eine erfolglose Heilung bleiben. Solange die Wunde nicht vollständig sauber war, gab es keine Genesung.

Schließlich bildete ich Kreise, innerhalb derer ich anderen gleichsam Zutritt zu meiner Geschichte gewährte. Im ersten Kreis waren meine Mutter und meine Schwester. Ihre Emotionen waren die meinen und umgekehrt. Wir sprachen über Vater, wenn wir uns sahen. Wir sprachen über dieses Lager, über all das Leid, das wir dort erfahren hatten. Dann weinten wir, sagten einander, wie stolz Vater auf uns wäre, wäre er noch am Leben. Oder wenn er uns jetzt sähe. Mit Sicherheit wäre er stolz!

Mit anderen Menschen redete ich selten über Dinge, die mit dem Krieg zu tun hatten. Bis zu jenem Tag, an dem mir meine beste Freundin Marion* sagte, sie wolle alles hören. Sie setzte sich mit dem Bosnienkrieg auseinander, lernte Bosnien als Land kennen. Sie wollte unbedingt alles verstehen, denn ihr liegt viel an mir. Ich sagte mir selbst, ich müsse froh sein, jemanden zu haben, der mich so mochte und liebte. Doch das Bewusstsein war nicht in der Lage, die Zustände meines Körpers und Geistes zu überwinden, die mich so schwächten.

Tagelang vergoss ich bittere Tränen. Ich war noch nicht bereit, diese Wunde zu öffnen. Ich wusste nicht, was dann alles passieren könnte. Ob ich stark genug war und bereit, diese offene Wunde zu leben?

Und dann, eines Tages, ging ich es an. Bevor ich mit dem Erzählen anfing, sagte ich zu ihr: »Liebste Marion! Eben weil ich dich lieb habe, wollte ich dir diese Geschichte nie erzählen. Denn ich war sicher, dass sie dich fassungslos und betroffen machen würde. Doch jetzt, wegen deines großen

---

* Marion S., 1968 geboren in Baden-Württemberg, deutsche Staatsbürgerin mit evangelischer Religionszugehörigkeit, heute in einem evangelischen Pfarramt tätig.

Interesses, unserer herzlichen Verbundenheit vertraue ich dir meine Geschichte an. Damit sie auch zu deiner Geschichte wird, denn heute ist unsere Freundschaft groß und stark genug, um sie mit dir teilen zu können!«

Ich suchte nach meinem Tagebuch, das ich nach der Ankunft in Deutschland geführt hatte, und las. Ich versuchte mich an jedes Detail der Gräueltaten aus dem Lager zu erinnern. Aber genauso wollte ich über die Integration und das Leben in meinem neuen Heimatland Deutschland berichten.

Als meine ersten Erinnerungen losrollten, hatte ich nicht den Mut, all das auszusprechen. Doch schließlich erzählte ich in einem Atemzug alles bis zum Juli 1992. Und dann ging die Wunde auf. Ich weiß nicht, wie oft ich losheulte. Weiter erzählte.

Meine Freundin hörte schweigend zu. Nur manchmal sagte sie: »Meine liebe Mirsada! Wie hast du mit dieser Geschichte überhaupt überleben können? Erzähl' weiter! Red' einfach weiter, ich höre dir zu!«

Und ich erzählte die Geschichte von mir, von meiner Familie, von Bosnien.

Und dann, nach dem Gespräch, ging ich laufen. Beim Laufen verarbeitete ich die ganze Geschichte in mir selbst. Weinte. Schwieg. Brüllte. Weinte.

Ich weiß nicht wirklich, wie Marion meine Geschichte erlebt hat, aber ich schaute ihr die ganze Zeit in die Augen, während ich redete. Ich weiß nur, dass ich meine Vergangenheit einer Frau anvertraute, die einer anderen Religion angehört, einer anderen Nationalität. Ich war mir aber sicher, sie war nicht nur eine Freundin geworden, sondern eine Schwester.

10 Heimkehr nach Bosnien

Ein weiterer Herbst. Nichts verlässt uns so schnell wie der Sommer; als würden die Tage in der Hitze dahinschmelzen, um abgelöst zu werden vom trüben Herbst, von den kürzer werdenden Tagen und dem Winter.

Mit der Schwere des Himmels wird auch mein Herz von einer Schwere ergriffen, von der ich mich nicht befreien kann. Stets kehre ich zu denselben Schmerzen zurück, es gelingt mir einfach nicht, sie alle zu verarbeiten und abzulegen. Dauernd stellt sich mir irgendetwas in den Weg und zwingt mich zurück an den Anfang. Deshalb freue ich mich schon im beginnenden Herbst immer auf den nächsten Sommer. Ich weiß, auch dieser wird Erinnerungen an den Sommer 1992 wiederbringen, mir die schrecklichen Bilder wieder und wieder vor Augen führen. Doch ich habe mich daran gewöhnt und kann mich mittlerweile freuen auf jeden Sommer, der kommt.

Doch jetzt möchte ich diesen Kreislauf endlich durchbrechen. Wie ich gelernt habe, können wir selbst etwas in Ordnung bringen im eigenen Leben, nicht nur das Schicksal ist verantwortlich für das, was uns passiert und was wir erleben. Wichtig ist, dass wir uns in Bewegung setzen.

Die Landschaft in dem Teil Deutschlands, in dem ich jetzt lebe, erinnert mich an Bosnien. Wenn ich die wellige Hügellandschaft in südwestlicher Richtung mit ihren Ortschaften sehe, ist es fast, als würde ich auf die verstreuten Dörfer an den Hängen der Kozara schauen.

Meine Heimat war ständig in meinen Gedanken. Ich wollte zurück nach Bosnien, zurück nach Kozaruša. Wie ich das ertragen würde, wusste ich nicht. Doch mir war klar, dass ich mich erst meinen Traumata stellen musste, bevor ich mein Elternhaus in Bosnien wieder betreten könnte.

So vereinbarte ich Termine bei Ärzten und Psychologen, um meine seelische Gesundheit zu stärken. Schon lange war ich damit beschäftigt, an meinen Selbsthilfemechanismen zu arbeiten. Das Laufen hat sich als solcher Selbsthilfemechanismus bewährt.

*

Zwischenzeitlich war in meiner Heimat Bosnien zumindest auf dem Papier Frieden eingekehrt. Im amerikanischen Dayton, Ohio wurde der Friedensvertrag unter Leitung des damaligen US-Präsidenten Bill Clinton verhandelt und am 21. November 1995 zum Abschluss gebracht. Das endgültige Abkommen wurde am 14. Dezember desselben Jahres in Paris unterzeichnet. Das Daytoner Abkommen bestätigte Bosnien als selbstständigen und souveränen Staat in der europäischen Staatengemeinschaft.

Heute besteht Bosnien aus zwei Verwaltungseinheiten: der Föderation Bosnien und Herzegowina und der Republika Srpska sowie dem Distrikt Brčko, der einen Sonderstatus hat. Der Teil des Landes, aus dem wir vertrieben worden sind, ist eine besondere Verwaltungseinheit und mehrheitlich von bosnischen Serben bewohnt, »serbisch« ist Bestandteil des Namens: Republika Srspka.

Vor ein paar Tagen habe ich wieder in meinem Tagebuch gelesen, das ich geschrieben habe, während in Bosnien noch der Krieg tobte und ich mit meiner Mutter bereits in Deutschland war. In meinem Tagebuch steht, ich wolle mich umbringen, das Leben sei sinnlos und ich wisse gar nicht, warum ich überhaupt noch am Leben sei. Die Schuld an allem gab ich meiner Mutter, ich dachte, sie hasse mich und verstehe mich nicht. Sie trieb mich damals an, zu lernen und fleißig zu sein, doch ich glaubte, dass sie mich hasste. Was war das nur für eine oberflächliche Sichtweise. Das Empfinden eines pubertierenden Teenagers, seiner heilen Kindheitswelt aufs Grausamste beraubt. So sah ich die Dinge damals.

Meine Beziehung zu meiner Mutter war von Kind auf besonders. Da ich meinen Vater lieber hatte, verbrachte ich mit ihm auch mehr Zeit. Als ich klein war, erzählte er mir im Scherz eine Geschichte. Wir hatten einen großen Kirschbaum vor dem Haus. Während ich mit Vater spielte, sagte er mir, Mutter hätte sich eigentlich einen Sohn gewünscht, und als sie sah, dass ich ein Mädchen war, habe sie mich einfach in eine Decke gewickelt und unter den Kirschbaum gelegt.

Wollte sie mich nicht haben? Die Geschichte hat sich mir eingebrannt. Ich konnte mich nie wieder ganz davon freimachen, obwohl ich selbst als Kind schon wusste, dass das natürlich nicht stimmte. Doch die vermeintliche Ablehnung meiner Mutter verband mich nur noch mehr mit meinem Vater, ich wollte immer in seiner Nähe sein. Er war mein Ein und Alles. So ließ er mich Traktor fahren oder auch mit ihm in seiner Werkstatt etwas reparieren. Diese Tage waren entscheidend für meine spätere berufliche Laufbahn. An der Seite meines Vaters lernte ich Fahrzeuge, Motoren, Werkstätten lieben. Außerdem liebte Vater Kühe, Pferde, Hunde über alles.

Wir hatten immer viele Tiere auf dem Hof – ich wuchs mit ihnen auf und lernte sie lieben. Heute, als Erwachsene, sind Tiere noch immer wie Balsam für meine Seele.

*

Seit der Entscheidung, nach Bosnien zu fahren, quälte mich am meisten der Gedanke daran, wie ich meinem toten Vater begegnen würde. Seinem Grab. Dem kalten Stein statt seiner warmen Hände. Diese Art der Begegnung würde schwer sein, das wusste ich, aber es würde immerhin ein Wiedersehen sein, das sich nicht nur in meinem Kopf abspielte.

Eigentlich ist es am schwersten, mit sich selbst umzugehen. Daher beschloss ich, ganz langsam aufzubrechen und behutsam zu beginnen. Ich wollte die eindrücklichsten Tage aus dem Lager niederschreiben, mich an die Ängste und den übermächtigen Schmerz erinnern, um zumindest teilweise die Emotionen zurückzuholen. Ich war mir bewusst, dass ich all die Bilder und Erinnerungen verarbeiten musste, bevor ich nach Hause, nach Bosnien fahren konnte.

*

Meine Schwester war 1997 zum ersten Mal seit der Flucht 1992 wieder in Bosnien. Sie wurde von der Internationalen Kommission für Vermisste eingeladen, um unseren Vater zu identifizieren. Sein Leichnam wurde im Wäldchen beim Nachbarhaus ausgegraben. Alle wussten, dass es Vater war, doch das Prozedere war klar definiert – die Familie musste bestätigen, dass es sich um seine sterblichen Überreste handelte. Meine Schwester ließ sich für eine DNA-Probe Blut abnehmen. Die Identifizierung fand anhand dieser Blutprobe statt.

Damals hatten wir, Mutter und ich, in Deutschland nur eine Duldung und folglich kein Recht, nach Bosnien zu fahren. Ich werde es mir nie verzeihen, dass ich mich nicht von Vater verabschieden konnte, als seine Gebeine in das Grab versenkt wurden.

Er wurde beim ersten Kollektivbegräbnis 1998 bestattet, auf dem Friedhof in Kozarac.

*

Meine Schwester blieb in Bosnien, in Šeher. 2011 kaufte meine Mutter ein Stück Land in Maglaj. Dort bauten wir ein großes Haus, doch wir spürten, dass wir dort nicht hingehörten. Nach einem Hochwasser 2014 verkauften wir es wieder und erwarben stattdessen in Sanski Most ein neues Grundstück mit einem Haus, das nur ein einziges Zimmer hatte. Wir bauten uns eine Sommerküche in der Garage. Sanski Most ist etwa 40 Kilometer entfernt von meinem Heimatdorf und liegt nicht in der Republika Srbska, sondern in der Föderation Bosnien und Herzegowina, wo keine serbischen Repressionen zu befürchten waren. So war es mir möglich, meine Ängste zu testen, ohne mich zu überfordern. Als ich zum ersten Mal dort war, fuhr ich jeden Tag von Sanski Most nach Kozarac, aber ich blieb nicht über Nacht. Doch bald wollte ich immer dort sein können.

Meine Mutter bemerkte das und sagte, wir sollten darüber nachdenken, ob es wirklich klug sei, in ein Haus in Sanski Most zu investieren, wenn mein Herz doch so an unserem Dorf hing. Wenn bloß dieses schönste Fleckchen nicht in der serbischen Region liegen würde. Aber nach dem Krieg wurde die Aufteilung von Bosnien so vorgenommen, dass unser Dorf in serbischem Einflussbereich lag. Da ich aber täglich zu meinen Onkels nach Kozaruša fuhr, konnte ich mich schließlich überzeugen, dass die verschiedenen Ethnien dort friedlich zusammenlebten, fast wie vor dem Krieg. In mir reifte ein Plan: ein neues Haus auf dem Gelände meines Elternhauses zu bauen. Seit unser Haus in Kozaruša fertiggestellt ist, nutzen wir jede Gelegenheit, dorthin zu fahren.

Doch jedes Mal, wenn ich in das Haus kam, spürte ich eine große Leere. Es war nicht mehr dasselbe: Vater war nicht mehr da, keine Verwandten, keine Nachbarn. Nichts war so wie damals, als wir von zu Hause weggegangen waren. So begann ich, jeden Tag zum Friedhof zu gehen. Ich unterhielt mich mit Vater. Stundenlang verweilte ich dort. Nirgendwo fühlte ich mich besser aufgehoben. Ich wurde wieder heimisch. Wenn ich heute sage, ich fahre nach Hause, dann meine ich Kozaruša.

*

Im Winter 2020 kam ich wieder einmal nach Kozaruša, um meinen Urlaub dort zu verbringen. Nach so vielen Jahren ist jetzt alles anders. Die meisten Häuser sind wieder aufgebaut, obwohl noch immer überall Kriegsspuren zu sehen sind.

Mit der Zeit hatte ich immer mehr das Bedürfnis, meine Leute zu treffen, Verwandte, Bekannte und Nachbarn aus Kozarac und Kozaruša, mich mit ihnen zu unterhalten und zu erfahren, wie sie diese Tage im Frühjahr und Sommer 1992 erlebt haben. Obwohl jeder von uns das Jahr 1992 anders erlebt hat, tragen wir doch alle die schrecklichen Bilder und Erinnerungen in uns.

Ich besuchte meinen Verwandten Isko M. in Kozarac. Ein Feuer brannte im Kamin, ein behagliches Heim hat die Familie, ein ruhiges, geordnetes Leben. Wenn da nur die Vergangenheit nicht wäre. Wann immer Isko aus dem Fenster blickt, sieht er Häuser, in denen niemand mehr lebt. Manche Bewohner wurden getötet, manche sind weit weg. Kozarac ist heute ein völlig verändertes Städtchen. Doch er liebt den Ort und möchte gerne hier bleiben. Für ihn ist die beste Therapie das Leben an diesem Ort.

Er war der erste ausgetauschte Gefangene aus dem Konzentrationslager Manjača. Als Kozarac angegriffen wurde, flohen alle in die Siedlung Sivci, in der Hoffnung, dort in Sicherheit zu sein, bis der Krieg beendet sein würde. So war es auch bis Ende Juni 1992, ungefähr bis zu der Zeit, da wir aus Trnopolje befreit wurden. Damals fiel eine Einheit der serbischen Armee in Sivci ein und nahm alle Zivilisten gefangen.

»Die Frauen und Kinder wurden ins Lager Trnopolje getrieben, uns Männer schickte man nach Keraterm. Es ist schwer, alle Leiden zu beschreiben, durch die wir in Keraterm, Prijedor, Manjača gingen. Es reicht wohl, zu sagen, dass ich während meiner Inhaftierung im Lager Manjača auf 47 Kilogramm heruntergehungert war. Nachdem uns das Rote Kreuz in Listen eingetragen hatte, bekamen wir etwas mehr zu essen. Doch in diesem ganzen Unglück hatte ich das Glück, für einen Gefangenenaustausch ausgewählt zu werden – und zu überleben. Aber alle, die vor mir aus dem Lager in den Austausch gegangen sind, wurden getötet«, erzählte mir Isko.

Die Geschichten anderer Verwandter sind ähnlich, und doch ist jede auf ihre Weise besonders und fürchterlicher als die andere. Die Erinnerungen der Menschen am Fuße der Kozara, die sie mit in das neue Jahrhundert genommen haben, sind voller Blut, Leid und Sterben. Man würde sie am liebsten vergessen. Diese Erinnerungen lassen uns keine Ruhe – sie suchen uns Tag und Nacht heim. Aber wir leben damit, so gut wir können. Und sind doch froh, dass wir am Leben sind und in der Lage, dieses zu meistern.

Sein Schlusssatz gab mir Stärke. Er berichtete, dass er wieder Serben als Freunde hat, und das habe ich auch. Das ist der wahre Beweis, dass verschiedene Ethnien Platz in unserem Land haben und wieder gut miteinander leben können.

11 Zwiegespräch am Grab

Lieber Vater,

nun bin ich wieder bei dir, nach so vielen Jahren. Keine Nacht ist vergangen, in der ich nicht an dich gedacht hätte, seit jenem Tag, an dem du uns zum letzten Mal angeschaut und gesagt hast, du würdest bleiben, um unser Dorf zu verteidigen. Niemandem war klar, wie du fast ganz allein das Dorf verteidigen wolltest. Ich wusste, dass du bleibst, um unser Dorf zu verteidigen. Du bist geblieben, um die Ehre aller Verteidiger der Menschlichkeit zu bewahren.

Die Häuser wurden zerstört.

Uns haben sie im Lager festgehalten, fast einen Monat lang.

Dich haben sie getötet!

Du bist von uns gegangen, lieber Vater, doch du verteidigst uns bis heute.

Du hast all diese Jahre mit deiner Kraft die Ehre unserer Mutter, meiner Schwester und meine Ehre verteidigt. Und wir sind geblieben, würdig deines Vermächtnisses, deiner Wünsche und Hoffnungen.

Du hast die Ehre aller Männer dieser Welt verteidigt. Stell dir vor, wie es den Kindern geht, deren Väter unschuldige Kinder mordeten, Frauen vergewaltigten, wehrlose Zivilisten töteten. Ich bin froh, dass du mein Vater bist!

Erinnerst du dich noch, als du mir gezeigt hast, wie ein Motor funktioniert und wie man so allerlei repariert, in deiner Werkstatt? Du hast gesehen, dass mich das interessiert, hast mich Traktor fahren lassen, mich überall mit hingenommen, damit ich etwas lerne.

Was du mir beigebracht hast, hat mir bei der Berufswahl geholfen, ich wusste, wohin ich wollte und was ich erreichen konnte – es half mir, den anderen voraus zu sein. Die Jungs hatten keine Ahnung von der Wartung von Fahrzeugen, doch ich, dein Mädchen, wusste bereits vieles.

Ich habe eine Ausbildung zur Automobilkauffrau gemacht und ein Studium absolviert. Mutter, Schwester und ich standen uns die ganze Zeit nahe. Genau, wie du es gewollt hättest.

Als ich das Ausmaß der Katastrophe begriffen hatte, als mir klar war, was diese Gedanken in mir anrichten würden, beschloss ich, nicht zu hassen. Ich beschloss, zu vergeben.

Jahrelang habe ich mich davor gefürchtet, einer Wirklichkeit in die Augen zu sehen, der Tatsache, dass du nicht mehr da bist. Dass die Häuser in unserem Dorf leer stehen. Dass die Menschen vertrieben wurden, tot sind. Dass unser Dorf auf dem Friedhof lebt.

Doch jetzt, lieber Vater, habe ich das Allerwichtigste begriffen: Du lebst! Diejenigen, die von uns gehen, leben weiter, nur wissen wir das nicht.

Ich glaube daran, dass deine Seele immer noch da ist und du mir zusiehst. Dass du stolz auf mich bist, auf meine Schwester und unsere Mutter.

Und siehst du, ich bin nach Hause gekommen. In unser Haus!

Jetzt bin ich es, die unser Dorf verteidigt. Ich lebe weit weg von Kozaruša, doch ich verteidige es mit meiner Liebe; ich ver-

teidige es, indem ich das Haus, das du errichtet hast, wiederaufgebaut habe. Ich verteidige es, indem ich dein Grab besuche, jeden Tag, wann immer ich in Bosnien bin, um mit dir zu reden.

Vater, jetzt verteidige ich den Frieden, das Leben und die Freiheit.

Ich habe beschlossen, alles, was ich durchlebt habe, aufzuschreiben, so, wie ich es erinnere. Es gibt keine zwei Menschen mit identischen Erfahrungen. Meine Erfahrung nach der Vertreibung aus unserem Haus war voller Schmerz und Leid. Der Aufbruch von zu Hause, die Flucht über die Kozara, das Lager Trnopolje und dann das Leben in der Fremde, wo ich eine fremde Sprache lernen, nach fremden Regeln leben musste, in einem fremden Land. All das habe ich in diesem Buch aufgeschrieben.

Ich habe es geschrieben, aber es ist nicht mein *Buch, Vater. Es ist das Buch* aller *Kinder auf der ganzen Welt. Im Namen aller Kinder habe ich es geschrieben, um sie davor zu bewahren, jemals so etwas erleben zu müssen.*

Ich will den Kindern erzählen, was Krieg ist. Ihnen sagen, wie furchtbar und blutig der Angriff von Soldaten auf ungeschützte Zivilisten ist. Es reicht nicht, Liebe und Güte in sich zu tragen, um zu überleben – man muss alle Energie und alles Wissen einsetzen, um eine Gesellschaft aufzubauen, die Verbrechen und Verbrecher verhindert. Man muss für Freiheit und Frieden kämpfen.

Krieg, Aggression, Verbrechen – das kann jedem widerfahren, in jedem Moment, überall auf der Welt. Die jungen Leute sollen das begreifen und in diesem Bewusstsein eine Welt der Liebe und Toleranz aufbauen.

Stell dir vor, Vater, wenn wir in einer solchen Welt gelebt hätten, stell dir einfach nur vor, wie groß unser Glück gewesen wäre, wenn du hier bei uns gewesen wärst, an jedem Tag. Wenn wir mit unseren Kindern, deinen Enkeln, spielen würden.

Unser Haus in Deutschland befindet sich am Rand einer kleinen Stadt. Die Menschen hier verstehen unseren Schmerz, und der Balkankrieg wird in die Geschichte Europas eingehen.

Vater, vor mir liegt die Zeit meiner Reife. Ich habe mir geschworen, bis an mein Lebensende zu kämpfen, um den Menschen die Wahrheit über das Schreckliche, das Unsägliche zu sagen, das uns ereilt hat. Damit so etwas nie wieder geschieht, niemandem. Wenn ich aufgeben würde, wäre dein Opfer sinnlos. Dann würde ich mich auf das Spiel des Bösen einlassen, in dem es normal scheint, dass Soldaten sich Frauen und Kinder nehmen und vergewaltigen, prügeln, töten, ihre Väter und Männer töten.

Doch das ist nicht normal, Vater. Eine gerechtere, solidarischere Welt ist möglich.

Voller Stolz auf dich und deinen Kampf, voller Stolz auf unsere Familie errichte ich mit diesem Buch auch ein Denkmal für dich, für alle gefallenen Männer, ein Denkmal für die Freiheit – möge das neue Zeitalter Gerechtigkeit, Freiheit und Frieden bringen.

Deine Mirsada

ŠEHID
KAHRIMANOVIĆ
SUAD
1950-1992

Nachwort

Mit dem Zerfall des Tito-Jugoslawiens wurden die zerstörerischen Kriege auf dem Balkan in den 90er-Jahren auch in Deutschland ein beherrschendes Thema, nicht zuletzt durch die vielen Kriegsflüchtlinge, insbesondere aus Bosnien und Herzegowina.

Die gewalttätige jahrelange Einkesselung der Hauptstadt Sarajewo, Angriffe von Scharfschützen auf Zivilisten, Internierungslager, Massenvergewaltigungen und »ethnische Säuberungen« – Gewalt und Verbrechen erreichten ein seit dem Zweiten Weltkrieg in Europa nicht mehr dagewesenes fürchterliches Ausmaß.

Auch wenn die Anteilnahme am Schicksal der Menschen groß war, dauerte es viel zu lange, bis die Internationale Gemeinschaft konsequent eingegriffen hat. Erst nach dem Völkermord von Srebrenica gelang es Ende 1995 mit dem Friedensabkommen von Dayton, den Krieg zu beenden.

Mit einem Waffenstillstand oder einem Friedensvertrag können indes nur die direkten Kampfhandlungen beendet werden. Kriege wirken fort, über Generationen. Die Menschen leiden ihr ganzes Leben an den teils traumatischen Erlebnissen. Besonders gravierend ist es, wenn es sozusagen mitten in der Nachbarschaft zu Gewaltexplosionen kommt, wie dies in

Bosnien und Herzegowina der Fall war. Wie kann, wie soll ein Zusammenleben gelingen, wenn Täter und Opfer weiterhin im selben Land, oft auch in derselben Stadt leben?

Die Aufarbeitung des Krieges und das Gespräch zwischen den Volksgruppen gestaltet sich in Bosnien und Herzegowina immer noch sehr schwierig. Das Misstrauen ist groß, Täter und Opfer schweigen häufig über ihre Erlebnisse. Nationalistische Kräfte stellen das Leid der eigenen Gruppe in den Mittelpunkt und ignorieren das Leid der anderen. Dass es keine gemeinsamen Curricula in den Schulen gibt, sondern die Kinder weitgehend nach Volksgruppen getrennt unterrichtet werden, ist eine schwere, inakzeptable Hypothek für eine gesamtgesellschaftliche Friedens- und Versöhnungsarbeit.

Ich bin zutiefst überzeugt, dass das Schweigen überwunden werden muss. Die Betroffenen müssen die Möglichkeit bekommen, ihre Erlebnisse zu erzählen. Es geht hier auch nicht allein um die Verarbeitung individueller Traumata. Es geht um das Wissen und die Auseinandersetzung über den Krieg und das damit verbundene Leid in der ganzen Gesellschaft.

Zeitzeugenberichte sind in vielen Ländern zu einem wichtigen Element der Erinnerungskultur geworden. Sie machen emotional deutlich, was in den Berichten über Kriege mit Details zu militärischen Operationen und Verlustzahlen häufig nicht geschieht: Sie vermitteln ein Bild davon, was der Krieg für die Menschen direkt bedeutet. Dies ist häufig schwer zu ertragen, aber alle müssen sich dem stellen.

Ein Bericht wie der von Mirsada Simchen-Kahrimanović geht beim Lesen unter die Haut. Der Krieg ist keine abstrakte Angelegenheit, das Leid der Menschen, die im Krieg fliehen mussten, die Familienmitglieder und Freunde verloren haben, die Gräueltaten miterlebt haben, ist konkret.

Es ist daher wichtig, dass Bücher wie »Lauf, Mädchen, lauf!« geschrieben und veröffentlicht werden. Nach dem Ende der Kriege auf dem Balkan hatte sich die Nachrichtenlage schnell neuen Krisen zugewandt. In den Ländern, so schien es, war es wieder weitgehend ruhig geworden. Die Nachwirkungen des Krieges und auch das von nationalistischen Kräften geschürte Gegeneinander der Volksgruppen sind aber noch nicht verschwunden.

Dieses Buch wird in Deutschland einen Beitrag dazu leisten, das Bewusstsein in der Öffentlichkeit für den Krieg in Bosnien und Herzegowina wachzuhalten. Auch hierzulande kann und sollte das Thema noch weitaus stärker in den Schulen aufgegriffen werden.

Schließlich geht es um etwas, das zu einem Teil der deutschen Geschichte geworden ist. Die Menschen, die in den 90er-Jahren aus Bosnien und Herzegowina und anderen Ländern des westlichen Balkans geflüchtet sind, sind häufig in Deutschland geblieben. Viele kamen wie Mirsada Simchen-Kahrimanović als Kinder, haben hier die Schule absolviert, haben Berufe erlernt und Familien gegründet. Sie sind ein Teil der deutschen Gesellschaft geworden und treten zunehmend in die Öffentlichkeit.

Auch sind die über 60 000 Soldaten der Bundeswehr zu nennen, die seit 1996 in den verschiedenen Missionen in Bosnien und Herzegowina im Einsatz waren. Ich bin froh, dass Deutschland gemeinsam mit anderen Nationen seinen Beitrag geleistet hat, den Frieden zu sichern. Für die Soldaten ist dieser Einsatz zu einem wichtigen Teil ihrer Biografie geworden. Für die Bundesrepublik Deutschland ist der Krieg in Bosnien und Herzegowina gerade vor dem Hintergrund der deutschen Geschichte ein entscheidender Markstein. Er zeigt, dass wir in

Europa bei nationalistischen Exzessen, bei Menschenrechtsverletzungen und Kriegsverbrechen bis hin zum Völkermord nicht beiseite stehen dürfen, sondern intervenieren müssen. Die europäische Idee der Aussöhnung und Verständigung und des gemeinsamen Erarbeitens neuer Ziele wird so zu einer neuen Generationenaufgabe.

Das Amt des Hohen Repräsentanten, das ich seit August des letzten Jahres innehabe, ist ein Ergebnis der internationalen Bemühungen, Bosnien und Herzegowina langfristig zu stabilisieren und in eine friedliche und prosperierende Zukunft zu führen. Dies gestaltet sich angesichts blockierender Kräfte im Land nicht immer einfach und ist nur in Verbindung mit dieser europäischen Initiative möglich.

Ich erlebe in Gesprächen mit den Menschen in Bosnien und Herzegowina eine vielfältige und schaffensfreudige Bevölkerung. Ich betrachte es als Teil meiner Aufgabe, dieses Potenzial zu unterstützen und dazu beizutragen, das Misstrauen und die Gegnerschaft zwischen den Volksgruppen zu überwinden. Der Weg dorthin kann nur über den offenen Austausch über die Leiden der Einzelnen während des Krieges geschehen. Dann aber, davon bin ich überzeugt, lassen sich auch gemeinsame Perspektiven für das friedliche Zusammenleben in Zukunft entwickeln.

Christian Schmidt, Hoher Repräsentant für
Bosnien und Herzegowina, Juni 2022

Anhang

Die Jugoslawienkriege zwischen 1991 und 1995

Von 1945 bis 1980 regierte der einstige Partisanengeneral Josip Broz Tito zunächst als Ministerpräsident und dann als Staatspräsident die Sozialistische Föderative Republik Jugoslawien (vgl. die Karte S. 138/139). Mit einem Führungsstil aus persönlicher Autorität sowie einem präzise austarierten Interessengleichgewicht hatte er das komplexe Staatsgebilde – Jugoslawien bestand aus den sechs Teilrepubliken Kroatien, Serbien, Bosnien-Herzegowina, Montenegro, Mazedonien und Slowenien, in denen wiederum eine höchst heterogene, multiethnische Bevölkerung unterschiedlicher Kulturen, Sprachen und Religionen lebte – zusammengehalten. Nach Titos Tod, mit dem fortschreitenden Legitimationsverlust des kommunistischen Systems und einer anhaltenden Wirtschaftskrise, traten die längst schwelenden Spannungen jedoch offen zutage und verschärften sich zusehends. An die Stelle des einst einenden Kommunismus traten als neue »Ersatzideologien« die Religion und ethnischer Nationalismus. Die ethnischen Spaltungen vertieften sich und kulminierten ab 1991 in einer Reihe von Kriegen (vgl. die Karte auf S. 140/141).

Am Anfang stand der zehntägige Slowenienkrieg, in dessen Folge das Land sich von Jugoslawien abspaltete. Anschließend folgte der Kernkonflikt zwischen Serben, Kroaten und Muslimen in Bosnien, der insgesamt 100 000 Todesopfer fordern und über zwei Millionen Menschen zur Flucht zwingen sollte, die Mehrheit davon bosnische Muslime. Als auch Kroatien im Juni 1991 seine Unabhängigkeit erklärte, eskalierten die Feindseligkeiten zwischen Kroaten und Serben. Auf der einen Seite standen die Bestrebungen nach einem ethnisch homogenen Kroatien unter Führung des kroatischen Präsidenten Franjo Tuđman, auf der anderen Seite die Agenda des Serbenführers Slobodan Milošević, der ein »Großserbien« schaffen wollte. Diese territorialen Expansionspläne drohten jeweils auf Kosten von Bosnien-Herzegowina zu gehen.

Die Lage in der zentraljugoslawischen Republik spitzte sich im Frühjahr 1992 dramatisch zu. Nachdem am 29. Februar und 1. März angesichts der drohenden serbischen Vereinnahmung ein Referendum stattgefunden hatte, bei dem sich eine deutliche Mehrheit der bosnischen Bevölkerung für die Unabhängigkeit von Jugoslawien ausgesprochen hatte, erklärte der bosnische Präsident Alija Izetbegović am 3. März 1992 die Unabhängigkeit des Landes. Nach der Anerkennung von Bosnien-Herzegowina durch die EU und die USA am 6. und 7. April erklärten die bosnischen Serben unter ihrem Anführer Radovan Karadžić ein Gebiet im Nordosten Bosnien-Herzegowinas für unabhängig, das fortan den Namen »Republika Srpska« tragen und zentraler Schauplatz des von 1992 bis 1995 dauernden Bosnienkrieges werden sollte.

In der Republika Srpska befanden und befinden sich die in diesem Buch zentralen Orte: das Dorf Kozaruša, die Kleinstadt Kozarac, der Verwaltungssitz Prijedor und die größte Stadt Banja Luka. Hier starteten im Frühsommer 1992 serbische Einheiten, unterstützt von der Jugoslawischen Volksarmee, die »ethnischen Säuberungen« unter der bosniakischen Bevölkerung. Die Kriegsgräuel steigerten sich ins Unermessliche. Um dem systematischen Terror in Form von Mord, Vergewaltigung und Folter zu entkommen, setzten sich Flüchtlingskolonnen in Bewegung. Die muslimische Bevölkerung wurde aus ihren Wohnorten vertrieben. Zivilisten, darunter viele Frauen und Kinder, wurden in Eisenbahnwaggons und Bussen deportiert und in Lagern unter desaströsen Bedingungen interniert.

Sarajewo, Austragungsort der Olympischen Winterspiele 1984, wurde zum Ziel serbischer Angriffe. Die bosnische Hauptstadt wurde 1425 Tage belagert, mindestens 10 000 Menschen wurden laut UNO in dieser Zeit getötet.

Im Juli 1995, wenige Monate vor Kriegsende, kulminierte die Gewaltdynamik im Massaker von Srebrenica, bei dem rund 8000 muslimische Männer und Jungen von einer Einheit der Vojska Republike Srpske, der Armee der Serbischen Republik, unter dem Befehl von Ratko Mladić systematisch ermordet wurden.

Am 21. November 1995 schließlich wurde im US-amerikanischen Dayton der Friedensvertrag beschlossen und am 14. Dezember in Paris offiziell unterzeichnet. Das Abkommen von Dayton bestätigte Bosnien und Herzegowina als souveränen Staat. Seitdem besteht der Staat aus zwei Verwaltungseinheiten: der Föderation Bosnien und Herzegowina sowie der Republika Srpska; hinzu kommt der Distrikt Brčko, der einen Sonderstatus innehat (vgl. die Karte auf S. 142/143).

Das Massaker von Screbrenica wurde vom Internationalen Gerichtshof in Den Haag als Völkermord eingestuft. Der Internationale Strafgerichtshof für das ehemalige Jugoslawien erhob Anklage gegen 161 Beschuldigte: Serbiens Präsident Milošević wurde als erstes noch amtierendes Staatsoberhaupt in der jüngeren Rechtsgeschichte angeklagt, verstarb aber 2006 in Untersuchungshaft. Karadžić wurde 2016 zu vierzig Jahren Gefängnis, Mladić zu lebenslanger Haft verurteilt.

ÖSTERREICH
ITALIEN
Ljubljana
SLOWENIEN
25.6.1991
Zagreb
KROATIEN
8.10.1991
Prijedor
Banja Lu
BOSNIEN-
HERZEGOWI
1.3.1992
ITALIEN
Adria
Sozialistische Föderative Republik Jugoslawien (bis 1992)
Internationale Grenzen
Teilrepubliken der SFR Jugoslawien
1974 wurden die Provinzen Vojvodina und Kosovo zu autonomen Provinzen innerhalb Serbiens erklärt. Ohne Recht auf Selbstbestimmung.
25.6.1991 Unabhängigkeitserklärung
0
100 km

UNGARN
N
W
O
S
RUMÄNIEN
Vojvodina
Belgrad
Sarajevo
SERBIEN
BULGARIEN
MONTE-
NEGRO
3.6.2006
Sofia
Priština
Kosovo
Podgorica
Skopje
MAZEDONIEN
8.9.1991
Tirana
ALBANIEN
GRIECHENLAND

ÖSTERREICH
ITALIEN
Ljubljana
SLOWENIEN
Zagreb
KROATIEN
Keraterm
Prijedor
Omarska
Trnopolje
BOSNIEN-
HERZEGOWI
Adria
ITALIEN
Internationale Grenzen
Konzentrationslager
Republika Srpska
Föderation von Bosnien und Herzegowina
Kriege im ehemaligen Jugoslawien
1 »10-Tage-Krieg« in Slowenien (26. Juni 1991 bis 7. Juli 1991)
2 Kroatienkrieg (31. März 1991 bis 7. August 1995)
3 Bosnienkrieg (April 1992 bis 14. Dezember 1995)
4 Kosovokrieg (28. Februar 1998 bis 10. Juni 1999)
0
100 km

UNGARN
N
W
O
S
RUMÄNIEN
Vojvodina
Belgrad
SERBIEN
arajevo
BUNDESREPUBLIK
JUGOSLAWIEN
BULGARIEN
MONTE-
NEGRO
Sofia
Priština
Kosovo
4
Podgorica
Skopje
MAZEDONIEN
Tirana
ALBANIEN
GRIECHENLAND

ÖSTERREICH
ITALIEN
Ljubljana
SLOWENIEN
Zagreb
KROATIEN
Prijedor
Banja Lu
BOSNIEN-
HERZEGOWI
ITALIEN
Adria
Das politisch zerfallene Jugoslawien heute
Republika Srpska
Bosniakisch-Kroatische Föderation
Neutrale Zone Bŕcko
Der Distrikt Bŕcko wurde offiziell am 8.3.2000 eingerichtet, da es für eine Zuordnung keine Einigung gab.
Der Kosovo proklamiert am 17.2.2008 die Unabhängigkeit des Territoriums
Internationale Grenzen
0
100 km

UNGARN
N
W
O
S
RUMÄNIEN
Vojvodina
Belgrad
SERBIEN
Sarajevo
BULGARIEN
MONTE-
NEGRO
Sofia
Priština
KOSOVO
Podgorica
Skopje
NORDMAZEDONIEN
Tirana
ALBANIEN
GRIECHENLAND

Mirsada Simchen-Kahrimanović wurde 1979 in Kozaruša bei Prijedor in Bosnien-Herzegowina geboren. Als sie dreizehn Jahre alt war, brach in ihrer Heimat der Krieg aus. Ihr Vater wurde ermordet und sie selbst in einem serbischen Lager interniert. Mit Mutter und Schwester gelang ihr die Flucht nach Deutschland. Drei Jahrzehnte danach beschloss sie, auf der Basis ihrer Tagebuchaufzeichnungen ihre grauenhaften Erlebnisse im Krieg niederzuschreiben. So entstand dieses Buch, mit dem sie insbesondere jungen Menschen nahebringen will, wie wichtig es ist, für ein friedliches Miteinander einzustehen.

»Zukunft braucht Erinnerung und ein tolerantes Miteinander unter den verschiedenen Religionen.«